古典文獻研究輯刊

二三編

潘美月・杜潔祥 主編

第 13 冊

元曲釋詞（增訂版）（三）

王學奇、王靜竹 著

國家圖書館出版品預行編目資料

元曲釋詞（增訂版）（三）／王學奇、王靜竹 著 -- 初版 --
新北市：花木蘭文化出版社，2016〔民 105〕
目 18+200 面；19×26 公分
（古典文獻研究輯刊 二三編：第 13 冊）
ISBN 978-986-404-852-6（精裝）
1. 元曲 2. 曲評
011.08   105015206

ISBN-978-986-404-852-6

9 789864 048526

古典文獻研究輯刊
二三編 第十三冊   ISBN：978-986-404-852-6

元曲釋詞（增訂版）（三）

作　　者　王學奇、王靜竹
主　　編　潘美月　杜潔祥
總 編 輯　杜潔祥
副總編輯　楊嘉樂
編　　輯　許郁翎、王筑　美術編輯　陳逸婷
企劃出版　北京大學文化資源研究中心
出　　版　花木蘭文化出版社
社　　長　高小娟
聯絡地址　235 新北市中和區中安街七二號十三樓
　　　　　電話：02-2923-1455／傳眞：02-2923-1452
網　　址　http://www.huamulan.tw 信箱 hml 810518@gmail.com
印　　刷　普羅文化出版廣告事業
初　　版　2016 年 9 月
全書字數　1182776 字
定　　價　二三編 21 冊（精裝）新台幣 40,000 元

元曲釋詞(增訂版)(三)

王學奇、王靜竹　著

G

gai

gan

gu

hang

hao

he

元曲釋詞（增訂版・三）

王學奇　王靜竹著

阿保（ē bǎo）

《周公攝政》二【幺】：「便教臣身居冢宰爲阿保，這一遍公徒也不小。」

　　阿保，謂保姆。《史記・范睢傳》：「居深宮之中，不離阿保之手，終身迷惑，無與昭奸。」《後漢書・崔寔傳》注：「阿保，謂傅母也。」潘岳《寡婦賦》：「命阿保而就列兮，覽巾箑以舒悲。」注：「銑曰：阿保，傅母也。」按傅母，即保姆也。上劇例是說：成王幼小，周公攝政，主持全國政務，輔佐成王，猶如保姆帶幼兒一樣。古代，帝王的老師也叫保或傅。

阿鼻（ē bí）

《看錢奴》一【油葫蘆】：「據著那阿鼻地獄天來大，但得個人身體便可也不虧他。」

《度柳翠》四：「〔長老云：〕甚的苦來苦似柏？〔正末云：〕嗏聲，苦是阿鼻地獄門。〔長老云：〕甚的甜來甜似蜜？〔正末云：〕甜是般若波羅蜜。」

《鐵拐李》三【雙調新水令】：「只俺個把官猾吏墮阿鼻，多謝得呂先生化爲徒弟。」

《硃砂擔》四【折桂令】：「只願你檢驗輪迴，速顯靈威，將那廝直押送十八層地獄阿鼻，纔見的你百千年天性忠直。」

　　阿鼻，梵語阿鼻旨之略稱。據佛經說，阿鼻爲地獄之名，在八熱地獄的最下層，譯作無間，謂在地獄裏受苦無間斷也。敦煌變文《大目乾連冥間救母變文》：「汝母已落阿鼻，現受諸苦。」《大唐三藏取經詩話中・經過女人國處第十》：「一念非凡如不信，千生萬劫落阿鼻。」

　　《元曲選》音釋：「阿，何哥切；鼻音疲。」

俄延 （é yán）

俄俀　俄俄延延

　　《梧桐雨》三【沽美酒】：「把死限俄延了多半霎，生各支勒殺，陳玄禮鬧交加。」

　　《漢宮秋》三【步步嬌】：「朕本意待尊前痤些時光，且休問劣了宮商，您則與我半句兒俄延著唱。」

　　《來生債》四【沉醉東風】：「誰更敢推辭腼腆，我並不曾半霎兒俄延。」

　　《玉壺春》一【幺篇】：「好著俺俄俀，熬煎，眼暈頭旋，有口難言。」

　　《詞林摘艷》卷五關漢卿散套【新水令・玉驄絲鞚錦鞍韉】：「酒勸到根前，你怎生只辦的俄俀。」

　　《樂府新聲》下無名氏小令【寄生草】：「小梅香俄俄延延待把角門關。」

　　俄延，或作俄俀，重言之爲俄俄延延，意謂拖延、躭擱。或作延俄，如清・洪昇《長生殿・春睡》：「延俄，慢支持楊柳腰身」。

鵝溪璽

　　《倩女離魂》一【寄生草】：「他拂素楮，鵝溪璽，蘸中山玉兔毫。」

　　鵝溪，本地名，在今四川省。古時以產絹著稱，稱爲鵝溪絹。唐時以爲貢品，宋代用它寫字、繪畫，後來遂成爲紙的代稱。《唐書・地理志》：「陵州仁壽郡，土貢鵝溪絹、細葛、續髓苦樂。」蘇軾《文與可有詩見寄云：『待將一段鵝溪絹，掃取寒梢萬尺長』，次韻答之》詩：「爲愛鵝溪白繭光，掃除雞距紫毫芒。」元・陳泰《梅花五友》詩：「五廬雖小物色多，不待更買鵝溪絹。」明・陳大聲散套【一封書・池冰泮乍暖】：「試霜毫，臨端硯，好吟詩句記流年，覓取鵝溪十丈箋。」

　　璽、繭，古通用，絹屬。

額顱（é lú）

額樓

《西廂記》二本二折【滿庭芳】：「下工夫將額顱十分掙。」

《秋胡戲妻》三【三煞】：「你瞅我一瞅，黥了你那額顱；扯我一扯，削了你那手足。」

《曲江池》一【油葫蘆】：「折倒的額顱破，便似間道皮腰線。」

《風光好》一【金盞兒】：「則見那冬凌霜雪都堆在兩眉間，恰便似額顱上挂著紫塞，鼻凹裏倘（躺）著藍關。」

《百花亭》二【隨尾煞】：「皂頭巾裹著額顱。」

《太平樂府》卷九高安道散套【哨遍・淡行院】：「皂紗片深深的裹著額樓。」

額顱，一作額樓，指額頭。按：額，俗稱腦門。

惡識

《李逵負荊》二【滾繡毬】：「不爭幾句閑言語，我則怕惡識多年舊面皮，展轉猜疑。」

惡識，得罪、惹惱之意。「惡識多年舊面皮」，猶如說「得罪了老交情」。《金瓶梅》第六十一回：「你這歪狗材，不要惡識他便好。」清・李百川《綠野仙蹤》第八回：「雖不與此地人交往，卻也不惡識他們。」皆其例。也有單作一「惡」字者，如《調風月》一【後庭花】：「嫌輕狂惡盡人。」《水滸》第三十七回：「為因惡了同僚，不得陞用。」《金瓶梅》第三回：「大大小小，不曾惡了一回。」均其例。

惡姹（è chà）

惡叉　醜詫　醜叉　醜剎

《西遊記》二本七齣【鬭蝦蟆】：「金甲白袍燦，銀裝寶劍橫，顯惡姹的儀容。」

《鐵拐李》三【鴛鴦煞】：「暢道我殘病身軀，醜詫面皮。」（元刊本作醜剎）

《趙禮讓肥》三、白：「當年應武舉去來，嫌某形容醜叉，以此上不用某。

《元人小令集》失名失題二十首之五：「心惡叉偏毒最狠，性搊搜少喜多嗔。」

醜、惡連文，醜即惡，惡即醜也；意指相貌或居心醜惡。五代蜀·何光遠《鑒戒錄》卷八：「錢塘秀女見（羅）為人迁差（學海本作醜陋），永不復吟隱詩矣。迁之言迁差，猶醜惡之言醜差、惡差也。」元·佚名《趙氏家法筆記》：「墨竹法，若令意拙彎跧，轉見形寒醜姹。」即醜詫也。字應作醜。宋·張若虛《圖書見聞誌》「敘製作楷模」條：「鬼神乃作醜醜馳趲之狀注，醜，尺者切」，是也。或作噁咤，如明·無名氏雜劇《齊天大聖》一：「三天神鬼盡皆誇，顯耀千般噁咤。」醜詫，或作醜姹，如《齊天大聖》三：「真乃是蠢蠢之物，醜姹之形。」或作醜吒，如話本《雨窗集上·戒指兒記》：「男大須婚，女大須嫁，不婚不嫁，弄出醜吒那。」按：姹、叉、咤、詫、吒，音義俱同。重言之，則曰惡叉叉，如明·無名氏雜劇《鬧銅台》四【梁州】：「惡叉叉兵威將猛」，是也。

惡儻（è tǎng）

元刊本《拜月亭》二【哭皇天】：「男兒，兀的是俺親爺的惡儻，休把您這妻兒怨暢。」

惡儻，謂惡意處置。

惡躁（è zào）

《黃粱夢》三【幺篇】白：「天嚛！這雪住一住可也好，越下的惡躁了。」

惡躁，意謂厲害、使人憎惡。

惡支沙

惡支殺　惡支煞

《玉鏡臺》四【折桂令】：「軟兀剌走向前來，惡支煞倒退回去。」

《黃粱夢》二【幺篇】：「誰教你貪心兒愛他不義財，今日箇脫空須敗，惡支沙將這等罪名揣。」

《盆兒鬼》三【幺篇】：「呸！俺將你畫的這惡支殺樣勢，莫不是眅睡了門神也那戶尉？」

《雍熙樂府》卷八散套【一枝花・風情】：「巴鬘的惡支沙。」

惡支沙，兇狠貌。支沙、支殺、支煞，同音通用，助詞，無義。清・洪昇《長生殿・合圍》：「那一員惡支沙雕目胡顏」，語意亦同。

惡哏哏（è hěn hěn）

惡狠狠　惡噷噷　惡歆歆　惡喑喑

《救風塵》三【幺篇】：「則見他惡哏哏，摸按著無情棍，便有火性的不似你個郎君。」

《殺狗勸夫》二【六煞】：「你向身上剝了我衣，就口裏奪了我食，惡哏哏全不顧親兄弟。」

《瀟湘雨》三【古水仙子】：「你、你、你，惡狠狠公隸監束；我、我、我，軟揣揣罪人的苦楚。」

《爭報恩》三【紫花兒序】：「惡狠狠的倒拽橫拖。」

《救孝子》二【煞尾】：「到來日急煎煎的娘親插狀論，怎禁他惡噷噷的曹司責罪緊。」

《秋胡戲妻》一【上馬嬌】：「則見他惡噷噷輪著粗桑棍。」

《金鳳釵》三【賀新郎】：「我無錢時他惡歆歆嗔滿懷，還了錢喜孜孜笑盈腮。」

《追韓信》一【勝葫蘆】：「則見他惡歆歆仗著龍泉尋左錯。」

《三奪槊》二【南呂一枝花】：「我往常雄糾糾的陣面上相持，惡喑喑的沙場上戰討。」

惡哏哏，極端兇惡貌。哏哏，用為助詞；或作狠狠、噷噷（yīn）、歆歆（xīn）、喑喑（yīn），音近意並同。按北音久已無閉口韻，其韻尾 m 變為 n，故呼噷、歆、喑與真文韻之哏同。《元曲選》音釋：「哏，狠平聲。」清・佚名《補天記》32【惱殺人】：「你再休得惡狠狠把天柱輕摧墮兩丸。」

惡贓皮

《陳州糶米》楔、詩云：「議定五兩糶一石，改做十兩落他些；父親保舉無差謬，則我兩人原是惡贓皮。」

惡贓皮，宋、元時市語，猶今云惡棍。《神奴兒》三折、白：「自家姓宋（送）名了人，表字贓皮。」義亦同。

惡叉白賴

惡茶白賴　死及白賴

《任風子》一【那吒令】白：「你這般惡叉白賴的！」

《黃粱夢》二【么篇】：「直恁的惡叉白賴，婆娘家情性恁般乖。」

《玉壺春》三【上小樓】：「聽不的他死聲咃氣，惡叉白賴。」

《曲江池》三【二煞】：「我和他埋時一處埋，生時一處生，任憑你惡叉白賴尋爭競。」

《漁樵記》二【滾繡毬】：「哎！劉家女倈！你怎生只學的這般惡叉白賴？」

《金線池》三【二煞】：「我比那窗牆賊蝎螫索自忍，我比那俏郎君掏摸須噤聲，那里也惡茶白賴尋爭競。」

《打董達》四、白：「仁義禮智都不通，死及白賴人皆怕。」（及字，王季烈校爲氣）

明·楊慎《俗言》云：「以言相誣曰誺。」誺，即賴也。惡叉白賴，蠻橫狡猾、無理取鬧之意，一作惡茶白賴、死及白賴，義並同。今北京話猶有死氣白賴的說法。

餓皮臉

《救風塵》一【么篇】白：「你請我？家裏餓皮臉也揭了鍋兒底！窖子裏秋月，不曾見這等食。」

餓皮臉，是說沒有吃的，餓得臉上沒有肉，只剩下一張臉皮的意思。

恩念

恩臨

《虎頭牌》一【醉中天】白：「你如今崢嶸發達呵，你可休忘了俺兩口的恩念。」

《瀟湘雨》一【金盞兒】白：「姪兒，你與我便上朝求官應舉去，得一官半職，回來改換家門，則是休忘了我的恩念。」

《貨郎旦》三、白：「我如今擡舉的你成人長大，頂天立地，嚙齒戴髮，承襲了我的官職，孩兒也，你久已後不可忘了我的恩念。」

《趙氏孤兒》五【黃鍾尾】：「這恩臨似天廣，端爲誰敢虛讓。」

《趙禮讓肥》二【呆骨朵】：「我著俺哥哥行仁孝，將俺那老母恩臨報。」

又同劇二【滾繡毬】：「這恩臨可端的殺身難報。」

恩念、恩臨，都是恩德、恩情、恩遇的意思。念、臨音近，通用。《薦福碑》第二折正末白：「此恩念異日必當重報。」接唱：「山海也似恩臨決然報。」可證。

恩養錢

《看錢奴》二【倘秀才】白：「秀才，咱這恩養錢可曾議定多少？」

又同劇二【倘秀才】：「〔陳德甫云：〕他怎麼肯去？員外還不曾與他恩養錢哩。〔賈仁云：〕甚麼恩養錢！隨他與我些便罷。」

《玉壺春》四【得勝令】白：「你將白銀百兩，給與這婆子做恩養禮錢。」

《存孝打虎》二【烏夜啼】白：「將十錠金、十錠銀與你作恩養錢。」

《兒女團圓》二【黃鍾尾】：「我這裏把這恩養錢，我可也便刮劃。」

恩養錢，謂撫養費。《後漢書·楊厚傳》：「懼然改意，恩養加篤。」《魏志·管寧傳》：「恩養之福，沈委篤痾。」

兒夫

兒家夫壻

《望江亭》一【村裏迓鼓】：「自從俺兒夫亡後，再沒個相隨相伴。」

《後庭花》二【牧羊關】：「你從明朝打扮你兒夫，你與我置一頂紗皂頭巾，截一幅大紅裏肚。」

《虎頭牌》一、詞云：「若問兒家夫壻，腰懸大將金牌。茶茶非比別裙釵，說起風流無賽。」

《柳毅傳書》一【那吒令】：「可憐我差遲了這夫婦情，錯配了這姻緣簿，都則爲俺那水性的兒夫。」

古時婦女自稱爲兒或兒家；稱丈夫爲兒夫或兒家夫壻。宋·秦醇《譚意哥傳》：「願得兒夫似春色，一年一度一歸來。」明·馮應京《月令廣義》亦云：「宣和中，士女觀燈者賜酒，有夫婦並遊，不獲同進，其婦蒙賜，輒懷酒杯，謝詞曰：歸來恐被兒夫怪，願賜金杯作證盟。上賜之。」《劉知遠諸宮調》二【商角·定風波】：「三娘又怎知與兒夫何日相遇？」《張協狀元》戲文：「把你攛掇嫁一箇好兒夫。」巾箱本《琵琶記》三十三：「兒夫在那裏？」又云：「莫學我的兒夫，把親躭誤。」凡此，義俱同。

耳房

《後庭花》一、白：「您子母且去這耳房中安下者。」

《西廂記》一本二折【幺篇】：「近主廊，過耳房，都皆停當。」

《竹塢聽琴》一【後庭花】白：「這所在不是說話處，喒去那耳房裏說話去來。」

耳房，指在大門內與正房和連的左右兩傍的小室，言其在門內左右如兩耳然。明·黃淳耀（一作張岱）《陶菴夢憶》卷二云：「造書屋一大間，旁廣耳室如紗幮。」此云耳室，亦即耳房。現在魯東人叫做耳屋子。

耳暗（ěr yìn）

耳恁

脈望鈔校本《裴度還帶》二：「〔（王彥實）打耳恁科。〕〔長老云：〕員外放心，都在老僧身上，你吃茶去。」（王季烈校本改爲「耳暗」）

《㘰橋進履》三【滾繡毬】：「〔正末做打耳暗科，云：〕可是這般恁的。」

《劉弘嫁婢》二【普天樂】：「〔做見卜兒打耳喑科〕〔正末云：〕王
秀才，有甚麼話，不好明白說。」

《隔江鬥智》三：「〔做打耳喑科，云：〕可是恁的。」

耳喑，一作耳恁，即耳語，附耳低語之意。《史記·魏其武安侯列傳》：
「行酒次至臨汝侯，臨汝侯方與程不識耳語，又不避席。」現在俗語叫做打
啞吧科，又稱「咬耳朵」。

清·佚名《補天記》28【卜算子·前腔】白：「（眾作附耳語介：）聖上
不見昨日朝臣公本么？今日封拜魏王，此乃一件大事，怎竟佯若不知，推聾
妝啞起來？」

耳根清淨

耳根

《漢宮秋》四【幺篇】：「則俺那遠鄉的漢明妃，雖然得命，不見你
個潑毛團，也耳根清淨。」

《燕青博魚》一、白：「我出的這門來，燕順也離了家中，可也耳根
清淨。」

《曲江池》三【中呂粉蝶兒】：「這些時消疎了燕燕鶯鶯，風月所得
清白，雨雲鄉無粘帶，煙花寨耳根清淨。」

《灰闌記》一、白：「張海棠也，自從嫁了員外，好耳根清淨也呵！」

耳根，佛家語，六根之一，對聲境而生耳識者，即耳官也，俗稱耳朵。
耳根清淨，謂耳朵裏聽不到嘈雜聲音或閒是閒非。《圓覺經》云：「心清淨，
眼根清淨，耳根清淨，鼻、舌、身、意復如是。」《清平山堂話本·陳巡檢梅
嶺失妻記》亦云：「當日打發羅童回去，且得耳根清淨。」《全唐詩》白居易
《琴酒》「耳根得聽琴初暢，心地忘機酒半酣。」

耳消耳息

《獨角牛》二、白：「我耳消耳息，打聽的深州饒陽縣，有箇小廝，
喚做甚麼吃劉千，說那小廝一對拳似剪鞭相似。」

《爭報恩》三、白：「如今耳消耳息，打聽的千嬌姐姐有難。」

耳消耳息，就是耳朵裏聽到消息，猶言耳聞。

二三

《詞林摘艷》卷三蘭楚芳散套【粉蝶兒·驕馬金鞭】：「到別州城不
問二三，那謊勤兒敢有萬千。」

二三，心不專一、沒有定準之意。《書·咸有一德》：「德唯一，動罔不
吉；德二三，動罔不凶。」《詩·衛風·氓》：「士也罔極，二三其德。」《左
傳》成公八年：「七年之中，一與一奪，二三孰甚焉？」又《左傳》成公十
三年：「楚人惡君之二三其德也，亦來告我曰：『秦背令狐之盟，而來求盟於
我。』」皆拿不定主意、變來變去之意。

二四

《遇上皇》一【賞花時】：「則爲一貌非俗離故鄉，二四的司公能主張，
則他三箇人很心腸，做夫妻四年向上，五十次告官房。」

《氣英布》四【竹枝兒】：「只怕他放二四，又做出那濯足踞胡床。」

二四，恣意、任情、隨便之意，常與「放」字連用。《董西廂》卷一【仙
呂調·整金冠】：「放二四不拘束，儘人團剝」又同書卷三【大石調·洞仙歌】：
「當初遭難，與俺成親事，及至如今放二四。」又同書卷四【仙呂調·尾】：
「休針喇，放二四不識娘羞，待要打折我大腿，縫合我口。」又同書卷五【仙
呂調·滿江紅】：「紅娘聞語，吸地笑道：『一言賴語，都是二四。』」《雍熙
樂府》卷九散套【一枝花·棉花訴苦】：「賣俏迎奸放二四，者也之乎。」王
日華《風月所舉問汝陽記》【鳳引雛】：「小蘇卿言詞道得不實誠，江茶詩句
相兼併，那件事情，休葫蘆提二四應。」均其例。

二會子

《劉行首》三【幺】：「〔卜兒推正末科，云：〕這先生是妖人，二會
子法教俺姐姐風子，喀扯住他見官去來。」

《神龍殿樂巴噀酒》【尾】：「將我做左道術隄防，二會子看承。」

《詞林摘艷》卷五李取進散套【新水令·五更朝馬聚宮】：「將我似
左道術隄防，二會子看成。」

二會子，謂邪魔外道。《宣和遺事》亨集：「天子見了道：『這和尚必是二
會子、左道術，使此妖法誑朕，交金瓜簇下斬訖報來。』」

發志

《破窰記》二、白：「他趕不上齋呵，他自然發志也呵！」

《梧桐葉》二、白：「此人發志，與小生至此，同應科舉。」

發志，謂感發志意，即激勵志向欲有所作爲的意思。《易‧豐》：「信以發志也。」疏：「信以發志者，雖處幽闇而不爲邪，是有信以發其豐大之志也。」

發志，猶發心，如《水滸》第三十九回：「戴宗聽了大喜道：『兄弟，若得如此發心，堅意守看哥哥，更好。』」

發放

《金線池》二【三煞】白：「你不發放我起來，便跪到明日，我也只是跪著。」

《東堂老》二【煞尾】白：「這席好酒，弄的來敗興，隨你們發放了罷，我自回家去也。」

《射柳捶丸》三、白：「大小番將，聽我發放。」

發放，猶言發落。明‧無名氏雜劇《伐晉興齊》三折蘇子皮白：「大小三軍，聽我發放。」清‧孔尚任《桃花扇‧賺將》副淨白：「本當軍法從事，斥罵幾聲，也算從輕發放了。」皆其例。

發背

《看錢奴》二【隨煞】：「發背疔瘡，是你這富漢的災。」

發背，背上生癰疽之謂，一名搭背，從前認爲是絕症。《史記‧項羽本紀：「項王許之，（范增）行未至彭城，疽發背而死。」蘇軾《范增論》也說范增「歸未至彭城，疽發背死」。唐‧李肇《唐國史補》卷上：「白岑嘗遇異人傳發背方，其驗十全。」明‧李時珍《本草‧鼠李》：「皮，發明，頌曰：如發背，以帛塗貼之，神效。」

發科

《鐵拐李》二【滾繡毬】：「〔張千發科云：〕呀！呀！就諕殺了！」

《西遊記》五本十七齣【幺】：「〔諸女做捉番孫、豬、沙發科〕〔下〕〔女王扯唐僧上，云：〕唐僧，我和你成其夫婦，你則今日就做國王，如何？〔唐僧云：〕善哉！我要取經哩。〔發科〕」

《元人小令集》顧德潤《述懷》二首之二：「閒呵諏，歪磕牙，喬發科。」

發科，戲曲術語。宋・吳自牧《夢粱錄》卷二十「妓樂」條：「副淨色發喬，副末色打諢。」元・陶宗儀《輟耕錄》「記伎朱簾秀」條：「發科打諢，不離機鋒。」《樂府群珠》卷二馬致遠小令【四塊玉・嘆世】：「儘場兒喫悶酒，即席兒發淡科，到（倒）大來閒快活。」據此，知「發科」當是演員裝做種種逗樂取笑的情態，以引起觀眾的興趣。

發送

發送：一指殯葬；二謂棄擲、打發；三謂送行。

（一）

《昊天塔》一【後庭花】：「早兩下卻相逢，則待將紙錢兒發送。」

《硃砂擔》二【黃鍾尾】白：「一個小後生倒使了我一身汗！我拖在這牆根底下，著這逼綽刀子搜開這牆，阿磕綽我靠倒這牆，遮了這死屍，也與你個好發送。」

《盆兒鬼》一【賺煞】白：「那廝也，這等火葬了你，倒也落的一個好發送。」

《合同文字》一【混江龍】白：「你如今也有些錢鈔，發送你的渾家麼？」

發送，謂辦喪事，特指殯葬。今北京語音讀 fā・song。

（二）

《蝴蝶夢》二【菩薩梁州】白：「我著那最小的幼男去當刑，他便歡喜緊將兒發送。」

《漢宮秋》二【哭皇天】白：「陛下割恩斷愛，以社稷為念，早早發送娘娘去罷。」

《豫讓吞炭》四【上小樓】：「說著呵心頭怒擁，無處發送。」

發送，謂棄擲、打發；其中《蝴蝶夢》例，語涉雙關兼有棄擲、殯葬二義。

（三）

《雙赴夢》一【醉中天】：「若到荊州內，半米兒不宜遲，發送的關
雲長向北歸。」

《小尉遲》一【柳葉兒】：「大唐家不想你三軍動，我將你即發送，
子父每得相逢。」

《韓翠蘋御水流紅葉》【白鶴子】：「我從那去年前親發送，今歲也尚
停留。」

發送，謂送行。《水滸》第六十二回：「吳用隨即起身說道：『員外寬心少
坐，小生發送李都管下山便來。』」其云發送，意亦同。

發跡

發迹　發積

《曲江池》三【尾煞】白：「說那裏話？你正青春年少，伴著這個一
千年一萬世不能勾發跡的窮乞兒，我怎麼肯？」

《合汗衫》一【天下樂】白：「看了那廝嘴臉，一世不能勾發跡。」

《殺狗勸夫》三【幺篇】：「這等人狗年間發迹俫崢嶸。」

《小張屠》楔、白：「似我這等瞞心昧己又發積，除死無大災。」

《來生債》一【醉扶歸】白：「那先生說我今年今月今日今時，可當
發跡，得些兒橫財。」

發跡，或作發迹、發積，舊謂人由貧賤而至富貴、顯達也。司馬相如《封
禪文》：「后稷創業於唐，公劉發跡於西戎。」揚雄《劇秦美新》：「創業蜀漢，
發跡三秦。」《後漢書・耿弇傳》：「帝謂弇曰：『昔韓信破歷下以開基，今將
軍攻祝阿以發迹，以皆秦之西界，功足相仿。』」《晉書・石勒載記》：「（劉
琨）遺勒書曰：『將軍發迹河朔，席卷兗豫。』」《劉知遠諸宮調》一【黃鍾
宮・尾】：「未作夫妻分釵願，待你發跡恁時團圓。」《荊釵記》八、白：「正
是他家，不知富貴發積如何。」明・葉憲祖《團花鳳》一：「〔丑扮媒婆上：〕
欺心圖發蹟，轉眼落便宜。」清・翟灝《通俗編》：「按發跡，猶言興起。」
據上所引，知此語源遠流長，現在有些地區仍如此說。

跡，迹、蹟，音義同。積為跡之同音借用字。

發祿

《拜月亭》一【金盞兒】：「爲那筆尖上發祿晚，見這刀刃上變錢疾。」

又同劇四【幺】：「但行處兩行朱衣列馬前，算箇文章士發祿是何年？」

《陽春白雪》前集四貫雲石小令【雙調醉高歌過紅繡鞋】：「秦甘羅疾發祿，姜呂望晚登壇。」

發祿，猶發迹。參見「發跡」條。

發擂

《西廂記》二本四折、白：「天色晚也，月兒，你早些出來麼：〔焚香了〕呀！鄰早發擂也！……呀！鄰早撞鐘也！」

《千里獨行》四【喜江南】白：「哥也，怎生不交戰發擂那？」

發擂，謂擊鼓。在廟宇裏有「暮鼓晨鐘」的說法，實際是鐘、鼓並舉；上舉例一，是暗示起更。在作戰時，擊鼓表示進軍，如例二；《左傳》莊公十年：「夫戰，勇氣也。一鼓作氣，再而衰，三而竭；彼竭我盈，故克之」，是也。

罰願

《竇娥冤》三【耍孩兒】：「不是我竇娥罰下這等無頭願，委實的冤情不淺。」

《漁樵記》二【朝天子】白：「對著天曾罰願，做的鬼到黃泉，我和你麻線道兒上不相見。」

同劇四【鴈兒落】：「你當初可也對蒼天曾罰願。」

《幽閨記》六【大齋郎】白：「罰願滿門都喫素。」

罰，應作「發」，訛爲「罰」；罰願，即發願：表示願心，向天作保證的意思。明·施君美《幽閨記》六【大齋郎】淨白：「罰願滿門都喫素，年頭年尾只吃麩。」此語現在仍使用。

法酒

《醉范叔》二【菩薩梁州】：「我吃不的這法酒肥羊。」

《看錢奴》一【混江龍】：「怎能勾長享著肥羊法酒，異錦的這輕紗。」

《貶夜郎》一【么】：「法酒肥羊幾時填還徹這臭肉皮囊？」

《范張雞黍》一【六么序】：「都是些裝肥羊法酒人皮囤，一個個智無四兩，肉重千斤。」

《獨角牛》一【混江龍】：「我喫的是肥羊法酒。」

照官定的配方比例釀造的酒，一般叫造官醞，亦即法酒，又稱官法酒。《漢書・食貨志下》：「請法古，令官作酒。」唐・劉禹錫《晝居池上亭獨吟》：「法酒調神氣，清琴入性靈。」宋・高承《事物紀原》：「《通典》曰：梁有酒庫丞。」《宋朝會要》：「周太祖平河中，得酒工王思，善造法麴，因法酒庫置使。」蘇軾《贈孫叔靜書》：「今日於叔靜家，飲官法酒，烹團茶，燒衙香。」皆其例。

法算

《西遊記》一本三齣【梧葉兒】白：「師父，你法算多少了？〔唐僧云：〕小僧一十八歲也。

佛家稱僧徒的年齡為法算。算，指壽命。如言添算一紀，就是增壽十二年。按：凡佛家所稱指，多冠以「法」字，如出家後另取之名曰「法名」，稱僧人的身體曰「法體」，稱僧人所著之衣曰「法衣」，稱僧徒坐席曰「法筵」，稱菩薩之眼曰「法眼」，等等。

番宿家門

《虎頭牌》一【賺煞】：「托賴著俺祖公是番宿家門。」

怯薛，蒙古語，輪番值班護衛之義。元制：皇帝用怯薛（宿衛，即禁衛軍）為心腹爪牙，輪番值班警衛；他們的子弟可以世代作官。番宿家門，就是宿衛家族的意思。詳見《元史・兵志》。

返吟復吟

反陰復陰　反覆吟　反吟爻

《西廂記》三本四折【調笑令】：「功名上早則不遂心，婚姻上更返吟復吟。」

　　《調風月》四【掛玉鉤】：「今年見弔客臨，喪門聚，反陰復陰，半載其餘。」

　　元・無名氏《孤兒記》：「他生時年月充（沖），反覆吟六害凶凶。」

　　沈青門《玉芙蓉》小令：「姻緣事全無下梢，想應他卜金錢偏遇反吟爻。」

　　返吟復吟，卦名。舊時星命家認爲占得此卦是婚姻不順利的象徵。王伯良云：「返吟復吟，見沈括《筆談・六壬論》。又《命書》：『年頭爲伏吟，對宮爲反吟』；云：『伏吟反吟，涕淚淫淫』。術家占婚姻遇此，亦有遲留之恨。」「伏吟反吟」，即「返吟復吟」之倒文。返或作反、伏或作復、覆、吟或作陰，均係同音混同。反覆吟、反吟爻，皆反吟復吟之省語，義並同。

犯由

犯由牌　犯由榜

　　《西廂記》四本二折【金蕉葉】：「你便索與他箇知情的犯由。」

　　《馬陵道》二【倘秀才】：「我不合鳴金鼓統戈矛，這便的是我犯由。」

　　《金鳳釵》四【收江南】：「元來這犯由牌上金榜掛名時，不想這狀元店禍有並來時。」

　　《酷寒亭》四【收江南】：「呀！誰承望月明千里故人來，則被這潑煙花送了你犯由牌。」

　　《還牢末》四【堯民歌】：「則這區金環，早做了我犯由牌。」

　　《風雲會》二【烏夜啼】：「呀！原來這犯由牌先把我渾身罩。」

　　《村樂堂》二【尾聲】：「則這金釵兒是二人口內的招伏狀，更壓著那十字街頭犯由榜。」

　　犯由，即罪狀。宋・周密《武林舊事》云：「元夕，京尹取獄囚數人，列荷校，大書犯由云：某人爲搶撲、釵鐶、挨搪婦女」，是也。公佈犯人罪狀的牌子或告示，叫犯由牌或犯由榜。按，舊制處決犯人、綁赴法場時，頸上插犯由牌（一名斬旗），上面寫著犯案的緣由、姓名及監斬官姓名。例如《水滸》第四十回宋江和戴宗的犯由牌上寫著：「江州府犯人一名宋江，故吟反詩，妄造妖言，結連梁山泊強寇，通同造反，律斬。犯人一名戴宗，與宋江暗遞私書，勾結梁山泊強寇，通同謀叛，律斬。監斬官江州府知府蔡某。」

犯對

　　《馬陵道》四【煞尾】白：「因打陣結成嫌隙，索天書百計圖謀，強
　　中手偏生犯對，詐風魔一命終留。」

　　犯對，謂作對。《西遊記》第十五回：「你看你說的話！不是他吃了，他
還肯出來招聲，與老孫犯對」，亦其例。

犯夜

　　《鴛鴦被》二【黃鍾尾】白：「我走到半路，被那巡更的歹弟子孩兒，
　　把我攔住，道我是犯夜的。」

　　《劉弘嫁婢》一【醉中天】：「〔淨王秀才云：〕他昨日半夜裏就搬過
　　來了。〔正末云：〕不拏住他犯夜？」

　　古時法律規定禁止夜行，犯禁夜行的曰犯夜。此律禁晉已有之，如《晉
書·王承傳》：「有犯夜者，爲吏所拘」，是也。唐·杜佑《通典》：「更鋪失
候，犯夜失號。」《唐律》：「諸犯夜者，笞二十；閉門鼓後、開門鼓前行者，
皆爲犯夜。」疏引《宮衛令》云：「五更三籌，順天門擊鼓，聽人行。晝漏
盡，順天門擊鼓，四百槌訖。閉門後，更擊六百槌，坊門皆閉，禁人行。」
元代也有宵禁之令，在規定的時間內，不准通行，違者受罰。明·葉憲祖《團
花鳳》一：「〔外：〕這廝在此荒野，犯夜獨行，必有奸弊，帶在馬前，還要
再問。」據此，知歷代都有此規定。

飯牀

　　《凍蘇秦》三【絮蝦蟆】：「豈知你故人名望，也不問別來無恙，放
　　下一張飯牀，上面都沒擺當。冷酒冷粉冷湯，著咱如何近傍。」

　　飯牀，謂飯桌。

泛（fàn）

泛子

　　《西廂記》三本二折【滿庭芳】：「待去呵，小姐性兒撮鹽入火。消
　　息兒踏著泛；待不去呵，〔末跪哭云：〕小生這一箇性命，都在小
　　娘子身上。」

《紫雲庭》二【菩薩梁州】：「他見一日三萬場魍魎焦，到不得里，咱正查（踏）著他泛子消息。」

泛，爲泛子之省詞，謂機關的樞紐，誤踏著泛子，就會墮入陷阱，用以比喻危機、陰謀等，可參閱「消息兒」條。

泛常

《凍蘇秦》三【絮蝦蟆】：「這交情非比泛常。」

泛常，猶泛泛，謂淺薄、普通、尋常、一般。《岳飛破虜東窗記》十一【四邊靜】：「休作泛常，用心主張。」《桃花扇・卻奩》：「節和名，非泛常。」皆其例。

也有用作時間副詞當「時常」講的，如《水滸》第六回：「且說園內左近有二三十個賭博不成才破落戶潑皮，泛常在園內偷盜菜蔬，靠著養身。」

梵王宮

《西廂記》一本楔子【仙呂賞花時】：「夫主京師祿命終，子母孤孀途路窮；因此上旅櫬在梵王宮。」

《昊天塔》一【賺殺尾】：「囑咐您個楊家業種，須念著子父每情重，休使俺幽魂愁殺這座梵王宮。」

《西遊記》六本二十四齣【雙令新水令】：「梵王宮關勝蓬瀛，鬧垓垓撞鐘擊磬。」

梵王宮，大梵天王之宮殿也。據佛教傳說：教主釋迦牟尼是婆羅門教最尊神梵天的轉世，因又稱釋迦牟尼爲梵王。梵王宮，即指釋迦牟尼所住的地方。後來泛指一般佛寺。

方勝

方勝兒

《西廂記》三本一折【後庭花】：「不移時，把花牋錦字，疊做箇同心方勝兒。忒聰明，忒敬思，忒風流，忒浪子。」

《王妙妙死哭秦少游》【滾繡毬】：「拂花箋巧疊成個方勝，不由人兩淚盈盈。」

《陽春白雪》後集三冗文苑散套【一枝花・尾】：「斷腸詞寫就龍蛇
　　字，疊成個同心方勝兒。」

　　把信箋折疊成菱形的花樣，稱做「方勝」，魯人謂之方簡兒。王季思云：
「勝本首飾，即今俗所謂綵結。方勝，則謂結成方形者。」宋・孟元老《東
京夢華錄》卷六「十四日車駕幸五嶽觀」條：「御龍直一腳指天，一腳圈曲襆
頭，著紅方勝錦襖子。」又同書卷八「七夕」條：「又以油麪糖蜜造爲笑魘
兒，謂之『果食花樣』，奇巧百端，如捻香方勝之類。」

方頭不律

方頭不劣　不劣方頭　不律頭

《金鳳釵》二【普天樂】白：「我恰賣了二百文錢，見一簡方頭不律
　　的人，欺負一簡年老的。」

《冤家債主》三【上小樓】：「俺孩兒也不曾訛言謊語，又不曾方頭
　　不律。」

《緋衣夢》三【紫花兒序】白：「俺這裏有簡裴炎，好生方頭不劣。」

《陳州糶米》二【脫布衫】：「我從來不劣方頭。」

《楚金仙月夜杜鵑啼》【後庭花】：「休學那不律頭，咱家中使數有，
　　咱家中使數有。」

《元人小令集》失名失題二十首第十四：「突柱門不律頭天生劣，不
　　肯輸半點兒虧折。」

　　方頭不律，一作方頭不劣，倒作不劣方頭，省作不律頭；指爲人正直，
不圓通，楞頭楞腦，今俗語謂之楞頭葱。元・陶宗儀《輟耕錄》卷十七：「俗
謂不通事宜者爲方頭」，是也。明・郎瑛《七修類稿》卷二十七「方頭」條：
「今人言不通時宜而無顧忌者曰方頭。舊見《輟耕錄》引陸魯望（即唐人陸
龜蒙）詩曰：『方頭不會王門事，塵土空緇白紵衣。』今陸魯望《苦雨》之
詩又曰：『有頭強方心強直，撐住頹風不量力。』觀二詩，方頭亦爲好稱。
若以爲惡語，是末世之論也。」「不律」，語尾助辭，無義。今口語中猶有「大
不劣劣」的說法。不劣劣，無義；與不律、不劣用法相同。考「方頭」一詞
的來源，宋・趙令時《侯鯖錄》卷八引陸魯望《有懷》詩：「頭方不會王門
事」，而曰「亦有此出處矣」。《東坡志林》卷四亦有「此叟蓋自知其頭方命

薄」之語。《太平御覽》卷七七三：「袁子正書曰：申屠剛諫光武，以頭軔車輪，馬不得前。子正云：光武近出，未有得失，而頭軔輪，此方頭也。」（按：申屠剛諫光武事，見《後漢書‧申屠剛傳》。）大概這就是此詞的濫觴吧！

防（fáng）送

防送夫

《紫雲庭》二【二煞】：「我這壁道防送早催逼，他那壁帶鐵鎖囚人監繫，俺兩處各心碎。」

《來生債》二【耍孩兒】：「我乾做了撇妻男店舍裏一個飄零客，拋家業塵埃中一個防送夫，冷清清夢回兩地無情緒，怎熬的程途迢遞，更和那風雨瀟疏。」

防送，就是押送、護送犯人；防送夫，就是押送犯人的差役。防送夫，或作防送人，如《警世通言‧白娘子永鎮雷峰塔》：「兩個防送人押著，離了杭州，到東新橋，下了舵船。」宋‧徐夢莘《三朝北盟會編》「炎興下帙四十二」記載：「有李進彥犯罪，配遠惡，過江州……至衡山，防送者曰：『嗟夫！生為兵士，傳送罪人，何時已乎？』叱進彥曰：『汝自去，吾亦亡矣！』進彥謝之而去……。」據此知「防送」在宋代是軍差稱謂，和普通解子稍有別。

房下

《合汗衫》二【調笑令】：「我如今別無什麼弟兄並房下。」

舊時謂妻曰房下。陶宗儀《輟耕錄》卷十四：「今人以邪僻不經之術，如運氣、逆流、采戰之類，曰房中術。按史，周有《房中樂》，《漢書‧禮樂志》：『高祖時，有房中祠樂，唐山夫人所作。武帝時，有房中歌。』又云：『房中者，情性之急，至道之際，是以聖主制外樂以禁內情，而為之節文。……《禮記‧曾子問》：『眾主人、卿大夫、士、房中皆哭。』注：『房中，婦人也。』然房中之謂，豈取此二書與？』明‧凌濛初二拍《癡公子狠使噪脾錢，賢丈人巧賺回頭壻》：「如此做事，連房下面前，我不必說破，只等岳丈接他歸家便了。」按房中、房下，意同。

房頭

房頭，即房，一指家族的分支；二指房間。「頭」為名詞語尾，無義。

（一）

《千里獨行》楔【正宮端正好】白：「那其間啃把他那三房頭家小，擄在管中，卻去下邳城招安關雲長去。」

《神奴兒》一、白：「俺兩房頭則覷著那孩兒。」

《合同文字》一【賺煞尾】：「可憐見俺兩房頭這幾口兒都不得個好團圓。」

《女學士三勸後姚婆》【調笑令】：「三房頭是有幾個女，我活六十歲幾曾見紙休書？」

以上各例，指家族的分支。如云「兩房頭」、「三房頭」，均從數量上而言，《水滸》第四十一回：「宋江道：黃文炳家多少人口？有幾房頭？」「幾房頭」，意亦同。若從關係上講，則有近房、遠房之分，等等。

（二）

《張生煮海》三、白：「前日有一秀才，在我這房頭借住，因夜間彈琴，被一個精怪迷惑將去了。」

上例，謂房間。《古今小說·窮馬周遭際賣䭔媼》：「店主王公迎接了，慌忙指派房頭，堆放行旅。」意同。

放歹

《冤家債主》一【天下樂】：「賊也，這的是安樂窩中且避乖，這廝從來會放歹。」

《爭報恩》二【醉春風】：「我可也不嗐酒、不貪財，我不爭氣、不放歹；那妮子閒言長語，我只做耳邊風，那裏也將他來睬、睬？」

縱情女色叫放歹。上《爭報恩》例，言不飲酒、不貪財、不爭氣及不放歹，即指不染酒色財氣四患；放歹，正是好色之意。

放矢

《獨角牛》二【紫花兒序】白：「看了你這般一搭兩頭無剩，腰兒小，肚兒細，喫的飽，快放矢，則怕你近不的他麼！」

放矢，大便的意思。矢、屎同音，古代通用，如《史記·廉頗傳》：「三遺矢」，即三次大便。

放對

定對

《符金錠》四、白：「自爲趙匡義要娶符金錠，有韓松與俺放對，被俺鄭恩兄弟詐粧符金錠，坐在轎子裏，韓松果然領著手下人趕將來，被俺眾人一頓打，將他打回去了。」

《獨角牛》一、白：「我和獨角牛劈排定對，爭交賭籌。」

同劇三【滾繡毬】白：「這東壁廂有甚麼好男子好漢，出來劈排定對、爭交賭籌來！」

放對，即對打，是敵對兩方比武的一種術語。《清平山堂話本・楊溫攔路虎傳》：「我要和你放對，使一合棒，你敢也不敢？」《水滸》第十七回：「兩個就在林子裏，一來一往，一上一下，兩個放對了。」《水滸全傳》第七十四回：「看的眾人，多有好事的，飛報任原說，今年有劈牌放對的。」也作一般的較量、比試講，如凌濛初二刻《拍案驚奇》二：「他自恃棋高，正好來與娘子放對。」

放對，一作定對，意同。

放告

放告牌

《神奴兒》三【迎仙客】白：「小官是本處縣官，今日陞廳，坐起早衙。張千，喝攛箱放告！」

《延安府》一、白：「張千，喝攛箱放告。」

《金線池》四、白：「張千，擡放告牌出去。」

《冤家債主》四、白：「張千，今日坐早衙，與我把放告牌擡出去者！」

《留鞋記》三、白：「今日陞堂，坐起早衙。張千，將放告牌擡出去者！」

封建時代，官吏開庭受理案件時，掛出的通告牌，叫放告牌，也簡稱放告。放告，即開庭受理上訴之意。清代，州、縣官上任時，定期（每月初五或初十）懸牌通告有冤情者上訴，屆時由州縣官直接受理，實際上這只是一種例行公事。《古今小說・滕大尹鬼斷家私》：「母子商議已定，打聽了放告日

期。」《二十年目睹之怪現狀》第四十五回：「我到任後，放告的頭一天，便有一個已故鹽商之妾羅魏氏，告他兒子羅榮統的不孝。」

放免

放捨

《蝴蝶夢》三【上小樓】：「將兩個哥哥放免，把第三的孩兒推轉。」

《金線池》四【沽美酒】：「使不著撒腸腴，仗那個替方便，俺只得忍辱耽羞求放免。」

《對玉梳》四【水仙子】：「若不是你荊楚臣急忙忙賺到根前，將一個赤力力活擒拏，將一個喜孜孜生放免，怎能勾夫和婦美甘甘再得纏綿？」

《馬陵道》四【朝天子】：「你如今死也，再休想放捨。」

放免，謂免罪釋放。《唐書·高僧傳》：「王因放免。」《宋史·太祖紀》：「詔廣南有買人男女爲奴婢轉傭利者竝放免。」一作放捨，意同。

放參

《誶范叔》三、白：「小官到此好幾日了；爭奈各國使臣也還有未到的，那張祿丞相不肯放參。」

《貶黃州》三【紫花兒序】白：「我幾遍去謁他，他只推故不放參，不知主何意思。」

《博望燒屯》一、白：「有新野太守劉備來謁兩次，貧道不曾放參。」

放參，謂接見。戲文《張協狀元》四十八丑白：「吾今已到梓州，諸衙人從，並未放參。」《三國志平話》卷中：「丞相故不放參。」其「放參」云云，意並同。

放黨

《殺狗勸夫》楔【仙呂賞花時】：「俺哥哥粧么放黨，平白地搗與個罪名當。」

《詞林摘艷》卷一周德清小令【滿庭芳·張俊】：「佐中興一代賢明將，怎生來險幸如狼？蓄禍心奸私放黨，附權臣構陷忠良。」

放黨，乃「放蕩」之訛誤，不受約束的意思。《三國志》所謂：「任俠放蕩，不治行業」，是也。明·無名氏雜劇《單刀劈四寇》二【倘秀才】：「他待要行不仁全無些紀綱，壞法度施謀放黨。」《豹子和尚》一【鵲踏枝】：「你子待把著風行兒放黨。」「放黨」云融，意並同。

放解

放贖

《看錢奴》二【倘秀才】：「或是有人家典段疋，或是有人家當鐶釵，你則待加一倍放解。」

《老生兒》一【賺煞尾】：「我也再不去圖私利狠心的放解，我也再不去惹官司瞞心兒舉債。」

《劉弘嫁婢》一【寄生草】白：「王秀才，四隅頭與我出出帖子去，道劉夕員外放贖不要利，再不開解典庫了也。」又白：「大小人都聽著！劉弘員外放贖不要利，挈本錢來，則管贖了原物去。」

拿出典當衣物，讓人取贖，謂之放解或放贖。對典當者來說，叫做贖當。例一云「加一倍放解」，是說贖當時要加一倍付利息。

放水火

《蝴蝶夢》三【叨叨令】：「〔張千云：〕放水火！〔王大做出科。〕……〔張千云：〕起來放水火！〔做放出科。〕

放水火，就是放犯人出去大小便，亦云放風。此處是以「放水火」為名，把犯人釋放出獄。

非為

胡為

《東堂老》楔、白：「不想他成人已來，與他娶妻之後，只伴著那一夥狂朋恠友，飲酒非為，吹穿衣服，不著家業。」

《硃砂擔》四【太平令】：「我癡心想望貞潔，你做事忒殺非為。」

《張天師》二【梁州第七】：「直這般無廉鮮恥，亂作胡為。」

《謝金吾》二【梁州第七】：「那廝敢胡為亂作，把先皇聖旨不怕些
兒個。」

非為，即為非，胡行妄做之意。明·董穀《碧里雜存》卷下「鐸角」條：
「我太祖高皇帝，所以化民之道，思之盡矣。黃昏則置木鐸，使人乎之於道
路曰：孝順父母，恭敬長上，和睦鄉里，教訓子孫，各安生理，毋作非為。」
又「畾司理」修：「其子遂縱酒色為非。」據此知明語猶然。明·無名氏雜劇
《杏林莊》二折：「止不過虜良人，截商賈，非為敢做」，亦其例也。胡為，
意同。現在口語中，習慣把胡為、非為連在一起，說成「胡做非為」。

匪妓

《謝天香》三【一煞】：「不想道今朝錯愛我這匪妓，也則是可憐見
哭啼啼。」

脈望館鈔校本《曲江池》四【清江引】白：「念妾身所出微賤，風
塵匪妓，不可以與品官相配。」

《度柳翠》楔州白：「罰往人世，打一遭輪迴，在杭州抱鑒營街積妓
牆下，化做風塵匪妓，名為柳翠。」

匪妓，對妓女的一種輕蔑稱呼。元·陶宗儀《輟耕錄》卷二十八：「俞
俊書詩聯云：『清夢斷柳營風月，菲儀表梓里葭莩。』蓋『菲儀』為『非人』，
『表梓』為『脿子』，總賤娼濫婦之稱。」按「匪人」語出《易·比》：「比
之匪人。」注「所與比者皆非己親，故曰比之匪人。」後謂行為不正者為
匪人。《宣和遺事》亨集：「只說宋邦傑見了姑父曹輔，說徽宗夜夜宿平康
匪妓之家。」又同書同集：「賈奕道：更大如王公，只除是當朝帝王也。他
有三千粉黛，八百煙嬌，肯慕一匪人？」據此，知「匪人」即「匪妓」也。

費用

《對玉梳》四【水仙子】白：「夫人，你和我別時，分開玉梳為記，
今令銀匠用金鑲了，那首飾頭面，盡皆費用，單留此梳，以表至誠。」

《詞林摘艷》卷八高文秀散套【一枝花·蒼天老後生】：「陋巷中消
磨日月，破窗下守待風雲，詩句裏包含天地，書卷內費用光陰。」

費用，即用費，作動詞用，花費用掉之意。作名詞用，指生活盤費，如
韓愈《符讀書城南》：「金璧雖重寶，費用難貯儲」，是也。

分另

《兒女團圓》楔、白：「分另了家私，卻也淨辦。」又白：「福童，安童，你母親要分另家私，您兩個心裏如何？」

《合同文字》楔、白：「我昨日做下兩紙合同文書，應有的庄田、物件、房廊、屋舍都在這文書上，不曾分另。」

《陳州糶米》三【梁州第七】：「弟兄每分另家緣。」

分另，謂分開；即分家另立門戶之意，參閱「分房」條。

分房

《合同文字》楔、白：「如今為這六料不收，上司言語，著俺分房減口。」

又同劇楔、白：「親家，你來喚我，莫不為分房減口之事麼？」

分房，謂分家，即分開家產、各自營生之意。《新唐書‧宗室世系表》：「明皇以後，諸王不出閣，不分房，子孫闕而不見。」《初刻拍案驚奇》卷三三：「上司發下明文，著居民分房減口，往他鄉外府趁熟。」

分細

《遇上皇》三【上小樓】：「有你哥哥信息，小人堦前分細。」

《後庭花》四【朝天子】：「你從頭至尾說真實，可怎生只恁的難分細？」

《魔合羅》四【道和】：「難支吾，難支對，難分說，難分細。」

分細，謂分析、辨訴。宋‧邵伯溫《邵氏聞見錄》卷九：「惇曰：『可令分析孰為小人？』帝曰：『弼三朝老臣，豈可令分析？』」析、細音近。

分張

《拜月亭》二【哭皇天】：「閃的他活支沙三不歸，強教俺生扢扎兩分張。」

《遇上皇》一【遊四門】：「他待將好花分付與富家郎，夫婦兩分張。」

《趙氏孤兒》五【幺篇】詞云：「幸孤兒能償積怨，把奸臣身首分張。」

《連環計》二【雙調折桂令】：「只為那半路風波，三年阻隔，兩地分張。」

　　分張，猶云分離。《全晉文》卷二十二王羲之雜帖：「分張何可久，幼小故疾患無賴。」隋·顏之推《顏氏家訓·風操》：「有王子侯，梁武帝弟，出爲東郡，與武帝別。帝曰：『我已年老，與汝分張，甚以惻愴。』數行淚下。」李白《白頭吟》：「寧同萬死碎綺翼，不忍雲間兩分張。」敦煌變文《伍子胥變文》：「父南子北各分張。」《清平山堂話本·風月相思》：「瓊曰：汝不聞李白云：錦水連天碧，蕩漾雙鴛鴦；甘同一處死，不忍兩分張。」明·湯顯祖《牡丹亭·鬧宴》：「老夫國難分張，心痛難割。」皆其例。

　　另外，也有作「分布」解釋的，如三國·魏·鍾會《檄蜀文》：「巴蜀一州之眾，分張守備，難以御天下之師」，是也；作「分與」解釋的，如白居易《謝李六郎中寄新茶》詩：「故情周匝向交親，新茗分張及病身」；《和自勸》：「身飲數杯妻一盞，餘酌分張與兒女」，是也。

分茶

　　《董西廂》卷一【仙呂調·賞花時】：「選甚嘲風詠月，擘阮分茶。」

　　《揚州夢》三【梁州第七】：「知音呂借意兒嘲風詠月，有體段當場兒擷竹分茶。」

　　《百花亭》一、白：「我那孩兒生的十分聰明智慧，談諧歌舞，搊箏撥阮，品竹分茶，無般不曉，無般不會。」

　　同劇一【金盞兒】白：「據此生世上聰明，今時獨步。圍棋遞相，打馬投壺，撇蘭擷竹，寫字吟詩，蹴踘打諢，作畫分茶……九流三教事都通，八萬四千門盡曉，端的個天下風流，無出其右。」

　　《雍熙樂府》卷十關漢卿散套【南呂一枝花·不伏老】：「願朱顏不改常依舊，花中消遣，酒內忘憂，分茶擷竹，打馬藏鬮，通五音六律滑熟：甚閑愁到我心頭？」

　　《盛世新聲》亥集小令【寨兒令】：「常串瓦，愛分茶，沒人處便學閑磕牙，棄業拋家儘自由他。」

　　宋·孟元老《東京夢華錄》卷四「食店」條云：「大凡食店，大者謂之『分茶』。」宋·吳自牧《夢粱錄》卷十六有「分茶酒店」、「分茶店」等名稱，據此，知「分茶」，當是隨意飲酒、小吃的意思。

分朗

分朗朗

《劉知遠諸宮調》一【南呂宮・應天長】：「見一條虵兒，金色甚分朗，更來往打盤桓。」

《生金閣》二【鬼三台】：「聽的他言分朗，諕的我魂飄蕩。」

《連環計》三【伴讀書】：「見太師言分朗，教王允聽明降。」

《來生債》四【鴈兒落】：「兀的不明明的在這門額上顯，分朗朗在這牌面上見？」

分朗，謂分明、清楚。重言之曰分朗朗，義同。

分顏

《望江亭》一【勝葫蘆】：「俺和你幾年價來往，傾心兒契合，則今日索分顏。」

《神龍殿欒巴噀酒》【梁州】：「我和那壬癸不睦，甲乙分顏。」

分顏，謂翻臉。例一「分顏」與「契合」反襯，例二「分顏」與「不睦」互文，皆可證。《水滸》第十九回：「吳用便道：『頭領為新弟兄面上倒與舊弟兄分顏？若是可容即容；不可容時，小生等登時告退。』」《古今小說・張道陵七試趙昇》：「又如今人為著幾貫錢鈔上，兄弟分顏，朋友破口。」例意並同。

分界牌

《蝴蝶夢》四【駐馬聽】：「想著你報怨心懷，和那橫死爺相逢在分界牌。」

《金鳳釵》三【二煞】：「赤緊的敬客坊緊靠著迷魂寨，莫不狀元店連著分界牌？」

舊時迷信說法，人死了就去陰間（或稱陰司、陰曹地府）；分界牌，是陽間和陰間分界的地方的標誌。

墳所

墓所　墳院　墳圍

《魯齋郎》一【天下樂】白：「早來到墳所也。」

《老生兒》三白：「看了這墳所，好是傷感人也呵！」

同劇三【鬼三台】：「則俺這墳所屬劉，我怎肯著家緣姓張？」

《合同文字》三【鬭鵪鶉】：「我又不索您錢財，又不分您地土，只要把無主的亡靈歸墓所，你可也須念兄弟每如手足。」

《范張雞黍》三【柳葉兒】白：「可早來這墳院中，埋了這棺槨，一壁廂掩土，燒紙燒紙。」

同劇四【石榴花】：「我又不曾映斜陽垂釣磻溪上，怎生墳院裏遇著文王？」

《替殺妻》一【村裏迓鼓】：「早來到祖宗墳院。」

《劉弘嫁婢》二【白鶴子】：「這孩兒爲無錢缺著葬禮，他賣身體置那墳圍。」

墳所，謂墳地、墓地。或作墓所，意同。按所，處所、場所也。墳地圍以牆，則曰墳院、墳圍。

粉頭

《金線池》二、白：「聞得母親說，他是爛黃虀；如今又纏上一個粉頭。」

《青衫淚》一【混江龍】：「想著這半生花月，知他是幾處樓台？經板似粉頭排日喚，落葉似官身吊名差。」

《陳州糶米》四【雁兒落】：「難道你王粉頭直恁駭，偏不知包待制多謀策。」

粉頭，俗指妓女，如上舉諸例是也。又古時伎、藝不分，也指演員，如《水滸全傳》第一〇四回：「那時粉頭還未上台，台下四面，有三四十隻桌子都有人圍擠著在那裏擲骰賭錢。」又同書同回：「那時粉頭已上台做『笑樂院本』，眾人見這邊男女相撲，一齊走攏來。」按：以粉頭指演員，當取其粉墨登場之意，或謂戲劇中的淨角用粉塗面以示奸佞者曰粉頭。

有時又引申爲不規矩的婦女，例如：《水滸》第二十四回：「起身睃過粉頭時，一鍾酒落肚，鬧動春心，又自兩個言來語去，都有意了。」初刻《拍案驚奇·酒下酒趙尼媼迷花，樓中樓賈秀才報怨》：「趙尼姑有個徒弟，法名本空，年方二十餘歲，儘有姿色，那裏算得出家，只當老尼養著一個粉頭一般，陪人歇宿，得人錢財。」

粉甸

《持漢節蘇武還鄉》三【中呂粉蝶兒】：「羊角風匙地匙天，鵝毛雪撲頭撲面，恰當似落瓊花粉甸山川。」

《詞林摘艷》卷六無名氏散套【端正好·水晶宮絞綃帳】：「一霎兒九重宮闕如銀砌，半合兒萬里乾坤似玉粧，恰便似粉甸滿封疆。」

粉甸，如同麵粉裝飾起來的，喻雪地；甸，本指郊野。

粉房

《救風塵》三、白：「不問官妓、私科子，只等有好的來你客店裏，你便來叫我。〔小二云：〕我知道，只是你腳頭亂，一時間那裏尋你去？〔周舍云：〕你來粉房裏尋我。〔小二云：〕粉房裏沒有呵？〔周舍云：〕賭房裏來尋。〔小二云：〕賭房裏沒有呵？〔周舍云：〕牢房裏來尋。」

《看錢奴》二【倘秀才】白：「蓋起這房廊屋舍、解典庫、粉房、磨房、油房、酒房，做的生意，就如水也似漲將起來。」

《來生債》一【幺篇】白：「自今日爲始，將這粉房、油房、磨房，都與我關閉了者，再休要開！」

上舉第一例，粉房指妓院；二、三例指製粉條的作坊。

粉壁

《漢宮秋》一【金盞兒】：「你便晨挑菜，夜看瓜，春種穀，夏澆麻，情取棘針門粉壁上除了差法。」

《風光好》一【天下樂】白：「這一片素光粉壁，未嘗繪畫，驛吏取筆硯來，我待學春秋隱語，因而感懷，成十二字，書於此處，料無有解者。」

《鐵拐李》一【金盞兒】：「或是他粉壁遲，水甕小，拖出來我則就這當街拷。」

《梧桐葉》一【鵲踏枝】白：「小生見佛殿左側，粉壁光淨，口占一詞，詞寄【木蘭花慢】，以寫思家離別之懷。」

《謝金吾》三、白：「待我割下一幅衣衫，就血泊裏蘸著鮮血，寫著四句詩在那白粉壁上。」

粉壁，即白色牆壁。宋・劉攽《漢官儀》：「省中皆胡粉塗壁，故曰粉壁。」南北朝・庾信《燈賦》：「瓊鈎半上，弱木全低，窗藏明于粉壁，柳助闇于蘭閨。」唐・白居易《遊悟眞寺》：「粉壁有吳畫，筆彩依舊鮮。」用粉塗壁，取其潔白，便於繪畫、題詩。唐宋以來，衙門前的粉壁，更多用來謄寫告示，公布法令。

粉骷髏

《曲江池》一【油葫蘆】：「央及煞粉骷髏，也吐不出野狐涎。」

《太平樂府》卷九無名氏散套【耍孩兒・拘刷行院】：「似線牽傀儡，粉做骷髏。」

骷髏（kū lóu），乾枯無肉的死人頭骨。粉骷髏，指沒有靈魂的妓女，爲當時習用的罵辭。明・湯顯祖《牡丹亭・鬧殤》：「做不的病嬋娟桂窟裏長生，則分的粉骷髏向梅花古洞。」清・蔣士銓《四絃秋》三【山麻稭】：「可憐爹娘養我兩箇在世上，幹些甚的事來？分做了塵沙鬼魅，干戈魂魄，粉黛骷髏。」現在有些地區仍沿用此語。

分（fèn）

分，讀去聲：一指命運、本分；二謂情面、情誼；三同份，謂整體中的一部份。

（一）

《金線池》二【梁州第七】：「劣奶奶則有分吃他那閒茶浪酒。」

《看錢奴》二、白：「萬事分已定，淨生空自忙。」

《三戰呂布》二、白：「足生一瘤者，有五霸諸侯之分，某暗想你足生一瘤，尚有五霸諸侯之分，某足生雙瘤，我福分更小似你那？」

《黃桂娘秋夜竹窗雨》【賺尾】：「若是佳期有準，姻緣有分，交這斷腸詩匹配了有情人。」

《樂府群珠》卷三汪元亨小令【折桂令・臨川佚老】：「安吾分隨方就圓，任他乖越後攘先。」

分，謂名位、職責、權利的限度，如說本分、身分、職分、名分，等等，舊時唯心的說法，多指「命運」，如上舉諸例是也。《孟子・盡心》：「君子所性，雖大行不加焉，雖窮居不損焉，分定故也。」《淮南子・本經訓》：「各守其分，不得相侵。」杜甫《飛仙閣》詩：「浮生有定分，饑飽豈可逃？」敦煌變文《捉季布變文》：「特將殘命救仁弟，如何垂分乞安存？」《董西廂》卷一【仙呂調・尾】：「孩兒，莫不是俺無分共伊嘛？」戲文《張協狀元》：「它無分，你無福。」皆其例。

（二）

《誶范叔》四【得勝令】白：「須賈，我不看綈袍分上，怎肯便饒你死罪？」

《王粲登樓》一【賺煞】白：「看學士分上，我辭他一辭。」

《東堂老》楔、白：「老夫與居士通家往來，三十餘年，情同膠漆，分若陳雷。」

《留鞋記》楔【仙呂賞花時】白：「看小娘子的分上，便不好也收了去。」

《陳州糶米》二【幺篇】白：「那兩個倉官可是我家裏小的，看我分上看覷咱！」

謂情面、情誼。曹植《贈白馬王彪》詩：「恩愛苟不虧，在遠分日親。」唐・司空曙《喜外弟盧綸見宿》：「平生自有分，況是蔡家親。」是知此語在三國時已然。《醒世恒言・白玉娘忍苦成夫》：「可看老身分上，姑恕這次罷？」意同。

（三）

《灰闌記》一【天下樂】白：「現今我家大小家私，都著他掌把，我是沒兒子的，〔做敲胸科，云：〕一些也沒分了。」

分，同份，指整體中的一部份，現在口語中還有此用法。

風欠

風虔

《拜月亭》三【倘秀才】：「我又不風欠，不癡呆，要則甚迭？」

《西廂記》二本二折【滿庭芳】：「來回顧影，文魔秀士，風欠酸丁。」

《蕭淑蘭》一【寄生草】：「你惱怎麼陶學士、蘇子瞻！改不了強文懶醋饑寒臉，斷不了詩云子曰酸風欠，離不了之乎者也腌窮儉。」

《太平樂府》卷八趙顯宏散套【一枝花·行樂】：「本性謙謙，到處干風欠。」

《陽春白雪》前集四關漢卿小令【碧玉簫】：「黃召風虔，蓋下麗春園：員外心堅，使了販茶船。」

明人凌濛初謂：「風欠，方言，兼風流、風狂二義。」解近是。「風欠」之「欠」，讀如歉（qiàn），俗傳以爲「欠」字音要（shuǎ），純係杜撰，不足取。上文所引賈仲明《蕭淑蘭》劇：「改不了強文懶醋饑寒臉，斷不了詩云子曰酸風欠，離不了之乎者也腌窮儉。」欠與臉、儉叶韻，可證。有人但知南方有風要俗語，而諧於北方讀音，遂妄加改削，殊誤。

風欠，或作風虔，音近意同。

風團

《裴度還帶》四【殿前歡】：「繡球兒拋得風團順。」

《燕青博魚》一【六國朝】：「偏不的我風團般著這拄杖打。」

《李逵負荊》四【步步嬌】：「則聽得寶劍聲鳴，使我心驚駭，端的個風團快。」

《范張雞黍》三【逍遙樂】：「打的這馬不剌剌風團兒馳驟。」

《詞林摘艷》卷五李文尉散套一【新水令·一簾飛絮滾風團】：「一簾飛絮滾風團，啓朱扉眼花撩亂。」

風團，比喻銳利，速度快。《水滸》第十三回：「八個馬蹄，翻盞撒鈸相似，勃喇喇地風團兒也似般走。」意同。

風標

丰標

風標，或作丰標。一指容態、風度、品格；二謂才能出眾。

（一）

《梧桐雨》四【雙鴛鴦】：「斜軃翠鸞翹，渾一似出浴的舊風標，映著雲屏一半兒嬌。」

《張生煮海》一【金盞兒】白：「我見秀才聰明智慧，丰標俊雅，一心願與你爲妻。」

《倩女離魂》一【混江龍】：「俺本是乘鸞艷質，他須有中雀丰標。」

《九世同居》四【川撥棹】：「彷彿記舊丰標，偶相逢恐認錯。」

《樂府群珠》卷三張雲莊、元中丞小令【折桂令·白蓮驛括木蘭花慢】：「羨公子風標異常，儘一生何限清香。」

上舉諸例，風標指優美的容態、風度、品格。《魏書·彭城王傳》：「風標才器，實是師範。」《南史·文學傳》：「文章者，蓋情性之風標。」白居易《題王處士郊居》：「寒松縱老風標在，野鶴雖饑飲啄閑。」《長生殿·彈詞》：「比昭君增妍麗，較西子倍風標。」皆其例。

（二）

《智勇定齊》楔【仙呂賞花時】：「便休提孫操軒昂志勇驍，怕甚麼姬輦英才天下少？衛吳起更丰標，任他有通天智巧。」

丰標，上與「英才」相對，意謂才能出眾，是第一義的引申。丰，同音假借。

風鑑

丰鑑

《裴度還帶》二【採茶歌】白：「貧道姓趙，雙名野鶴，道號無盧道人，自幼習學風鑑。」

又同劇四【得勝令】白：「多蒙先生風鑑，左右人收拾果卓來！」

脈望館鈔校本《曲江池》二【刮地風】：「只爲你多風鑑，急回頭春色過，三楚陽臺碧峰雲暗。」

《劉弘嫁婢》楔、白：「我是箇雲遊貨卜的先生，我善能風鑑。」

《獨角牛》三【伴讀書】：「贏了的休談羨，輸了的難遮掩，打這廝
自獎自誇自丰鑑，休想道虎嚇的咱家善。」

風鑑，謂識見，對人和物有鑑別照察之明也。南北朝・庾信《柳霞墓誌》：
「君器宇詳正，風鑑弘敏。」後因謂通相人之術曰風鑑（俗稱「看相人」），
並稱相士為風鑑家。宋・吳處厚《青箱雜記》：「予嘗謂風鑑一事，乃昔賢甄
識人物，拔擢賢才之所急，非市井卜相之流，用以賈鬻取資者。」元・陶宗
儀《輟耕錄》卷四「相術」條云：「國初有李國用者，自北來杭，能望氣占
休咎，能相人。其人厓岸倨傲，而時貴咸敬之。」又云：「文敏公風瘡滿面，
李遙見，即起迎，謂坐客曰：『我過江僅見此人耳，瘡愈即面君，公輩記取，
異日官至一品，名聞四海。』方襄陽未破時，世皇命其即軍中望氣，行踪三
兩舍，遄還，奏曰：『臣見卒伍中往往有台輔氣，襄陽不破，江南不平，置
此人於何地？』噫，李之術亦神矣！」風，一作丰，同音假借。

風雷性

風火性

《氣英布》二【南呂一枝花】：「現如今兩國吞併，使不的風雷性。」

《㑳梅香》二【歸塞北】白：「倘或我風火性的夫人知道呵，教你立
地有禍。」

《詞林摘艷》卷一劉庭信小令【寨兒令・戒漂蕩】：「若論蛇蝎，倘
有潛蟄，不似你娘風火性不曾絕。」

風雷性，喻脾氣暴燥，極易致怒。或作風火性，義同。唐・王梵志詩：「莫
隨風火性，參差悮（誤）煞人。」明・湯顯祖《牡丹亭・圍釋》：「正是我一
時風火性，大金家得知」，皆其例。

風流罪過

風流罪犯　風流罪

《遇上皇》一【金盞兒】白：「早晚尋他些風流罪過，害了性命，我
娶了那女人為妻，便是我平生願足。」

《單鞭奪槊》二、白：「你喚尉遲恭來，尋他些風流罪過，則說他有二心，將他下在牢中，所算了他性命。」

《酷寒亭》三【罵玉郎】：「把孩兒風流罪犯尋些箇，吊著腳腕又不敢將腳尖那。」

《陳州糶米》三【牧羊關】：「可不先犯了個風流罪，落的價葫蘆提罷俸錢。」

風流罪過，或作風流罪犯，簡作風流罪，舊謂由於風雅之事而犯的過失。語出《北齊書·郎基傳》：「基為潁川太守，清慎無所營求，曾語人云：『任官之所……唯頗令寫書。』潘子義遺之書曰：『在官寫書，亦是風流罪過。』」宋·劉克莊【賀新郎·宋庵訪梅】詞：「老子平生無他過，為梅花受取風流罪。」世俗或用以稱輕微的過錯、缺點或毛病，如上舉元劇諸例是也。《水滸全傳》第一百二十回亦云：「朝廷既已生疑，必然來尋風流罪過。」

封陟（zhì）

《張天師》一【梁州第七】：「翻笑著不風流閉門的顏叔，假乖張拍案的封陟。」

《樂府群珠》卷二無名氏【玉嬌枝·閨情】：「恰便似封陟般崛強、紂村，柳下惠痴吊、捗蠢。」

封陟，人名，據唐人傳奇故事：唐孝廉封陟，性端正，在少室山讀書，有仙女上元夫人下降，向他表示愛情，先後四次，都被他嚴詞拒絕。過了三年，封陟病死，被泰山使者趕往地府，路遇上元夫人，奪過勾魂文件，改判封陟延壽十二年，遂得復活。見《太平廣記》卷六十八引裴鉶《傳奇》。元人雜劇有楊文奎的《封陟遇上元》一劇，今不傳。

封陟，或作封隲，如《董西廂》卷一【仙呂調·醉落魄】白：「似封隲心剛獨正。」陟、隲，同。

馮魁

馮員外

《救風塵》一【賺煞】：「卻則為三千張茶引，嫁了馮魁。」

《金線池》楔【幺篇】：「遮莫拷的我皮肉爛，煉的我骨髓枯，我怎肯跟將那販茶的馮魁去？」

《紫雲庭》一【醉中天】：「提起那馮員外便望空裏助采聲。」

《對玉梳》四【離亭宴煞】：「若早上了你歹王（馮）魁販茶船，可不乾賺了我俏蘇卿一世裏寒。」

《雲窗夢》三【鬪鵪鶉】：「恨則恨馮魁那箇醜生。」

　　馮魁，或作馮員外，是雙漸、蘇卿故事中的茶商。蘇小卿是盧州的娼妓，和書生雙漸相愛，雙漸出外求官，茶商馮魁乘機用三千張茶引把她買回家去，她不願意，題詩於金山寺，被雙漸看見了，後來兩人仍舊結成夫婦。宋代曾將此故事編爲戲劇。

鳳城

《岳陽樓》四【駐馬聽】：「怎教鳳城春色典琴沽？」

《合汗衫》一【混江龍】：「俺本是鳳城中黎庶。」

《㑩梅香》四【雙調新水令】白：「宮錦宮花躍紫騮，誇官三日鳳城遊。」

　　鳳城，舊時對京都的別稱。敦煌變文《張淮深變文》：「馳騎駢闐出鳳城。」杜甫《夜》詩：「步蟾倚杖看斗牛，銀漢遙應接鳳城。」趙次公《杜詩注》云：「秦穆公女弄玉吹簫，鳳降其城，因號丹鳳城，其後號京都之城曰鳳城。」李商隱《爲有》詩：「爲有雲屏無限嬌，鳳城寒盡怕春宵。」宋・聶勝瓊《鷓鴣天》詞：「玉慘花愁出鳳城，蓮花樓下柳青青。」《詞林摘艷》卷一，明・包應龍小令【柳搖金・憶別】：「聞知你在科場及第，別尋親在鳳城頭。」《水滸全傳》第七十二回宋江云：「借得山東煙水寨，來買鳳城春色。」皆其例。

鳳凰池

《陳母教子》楔【幺篇】白：「一舉首登龍虎榜，十年身到鳳凰池。」

《薦福碑》四【收江南】：「你今日討便宜，翻做了落便宜，你待將漚麻坑索換我那鳳凰池。」

《張天師》二【採茶歌】：「但得個一夕駕鴦配成對，那裏也還記十年身到鳳凰池？」

　　鳳凰池，本指皇帝花園中的池沼。自魏晉以來，中央政權設有中書省，掌管一切機要，因接近皇帝，故比擬爲鳳凰池。後凡任中書省機要職位者，也都被稱爲入鳳凰池。《晉書·荀勖傳》：「勖自中書省監除尚書令，人賀之，勖曰：『奪我鳳凰池，諸君何賀耶？』」按：唐·杜佑《通典·職官典》：「中書省地在樞近，多承寵任，是以人固其位，謂之鳳凰池也。」

　　鳳凰池，亦省作鳳池。如：謝朓《直中書省》詩：「茲言翔鳳池，鳴珮多清響。」李白《贈江夏韋太守良宰》詩：「君登鳳池去，勿棄賈生才。」賈至《早朝》詩：「共沐恩波鳳池上，朝朝染翰侍君王。」

　　元劇中的「十年身到鳳凰池」，意謂十年之間，就富貴發達了。

敷（fū）演

　　《三戰呂布》三【醉春風】白：「我先說了呂布，後敷演元帥也。」

　　《城南柳》三【隔尾】：「醉與樵夫講些經傳：春秋有幾年？漢唐事幾篇？端的誰是誰非，咱兩個細敷演。」

　　《西遊記》二本六齣、白：「我也待和他們去，老人家趕他不上，回來了。說道好社火，等他們來家，教他敷演與的聽。」

　　敷演，謂敷陳演述。《三國志·魏志·高堂隆傳》：「於是敷演舊章，奏而改焉。」《牡丹亭·閨塾》：「但把《詩經》大意，敷演一番。」又作敷衍，如《宋史·范沖傳》：「上雅好左氏《春秋》，命沖與朱震專講，沖敷衍經旨，因以規諷」，是也。

　　在戲文中，「敷衍」亦可解爲扮演、表演，如《小孫屠》一【滿庭芳】白：「後行子弟不知敷衍甚傳奇」；《錯立身》一【鷓鴣天】：「賢每雅靜看敷衍，《宦門子弟錯立身》」，是也。

　　今語亦謂不認眞負責而將就應付曰敷衍，如言敷衍了事、敷敷衍衍。

麩（fū）炭

浮炭　腐炭

　　《李逵負荊》一【金盞兒】：「一把火將你那草團瓢燒成爲腐炭。」

　　《樂毅圖齊》二【柳葉兒】：「我敢將他盡爲麩炭。」

《盛世新聲》【南呂一枝花·茜紅袍錦壓襴】：「準備著太行山底掬浮炭，便休想渭水河邊等釣竿。」

　　用松、柳等木燒成的炭，質地不堅實，叫麩炭，或浮炭、腐炭。柞木的炭質，堅實耐燃，叫剛炭。現在南方各地還是這樣叫。宋·陶穀《清異錄》：「唐玄宗病中熱，冬日冷坐殿中，宮人以金盆麩炭火少許進御，只暖手而已。」白居易《和自勸》詩：「日暮半爐麩炭火，夜深一盞紗籠燭。」陸游《老學庵筆記》：「陳無己手簡一編，有十餘帖，皆與酒務官託買浮炭者。浮炭謂投之水中而浮，今人謂之麩炭。」明·胡震亨《唐音癸籤》卷二十：「白樂天詩云：『日暮半鑪麩炭火』，麩炭語留傳不一。《北夢瑣言》：優人安轡新嘲李茂貞燒京闕云：『京師但賣麩炭，便足一生。』」可見麩炭、浮炭之名，由來已久。

伏伏（fú fú）

《兒女團圓》四【沽美酒】：「高高的捧著玉卮，伏伏的跪在階址。」

　　伏，魯東人呼作 pā。伏伏（pāpā），狀跪下聲，當係古音的遺留。

伏落

《雙赴夢》三【醉春風】：「我，壯志消磨，暮年折剉，今日向匹夫行伏落。」

　　伏落，謂降低身分，伏低做小。

扶同

《灰闌記》四【掛玉鉤】白：「你把這因姦藥殺馬均卿，強奪孩兒，混賴家私，并買囑街坊、老娘，扶同硬證，一樁樁與我從實招來。」

《殺狗勸夫》四【紅繡鞋】：「那告狀人指陳實事，都是些扶同捏合的虛詞。」

　　扶同，謂一致、一起。《魏書·廣平王匡傳》：「唯黃門侍郎臣孫惠蔚與崇扶同。」《隋書·經籍志》：「多與春秋左氏扶同。」杜牧《上李德裕書》：「與扶同者，只鄆州隨來中軍二千耳。」元·胡三省《通鑑》注：「扶同，猶今俗言一同也。」湯顯祖《牡丹亭·淮泊》：「扶同歇宿，罪連主家。」《福惠全書·

刑名部・賊盜下・起髒》：「扶同隱庇，甘罪結狀。」是知「扶同」一詞，來源頗早。

除上義外，另又作牽連講者，如《水滸》第六十二回：「雖是在梁山泊住了許多時，這個是扶同註誤，難同眞犯。」

扶策

《蝴蝶夢》四【夜行船】：「您疾忙向前來扶策。」

《張天師》楔【仙呂賞花時】：「強扶策，懨懨病裏身；空凝望，盈盈月下人。」

《玉壺春》一【混江龍】：「醉醺醺紅粧扶策下瑤堦，氣昂昂朱衣迎接離金殿。」

《魔合羅》三【么篇】：「〔令史云：〕你看狀子。〔正末看科，云：〕『……玉娘聽言，慌速雇了頭口，直至城南廟中，扶策到家，入門氣絕，七竅迸流鮮血。……』」

《貨郎旦》四【四轉】：「減了神思，瘦了容姿，病懨懨睡損了裙兒袵；難扶策，怎動止？」

策，本樹木的細枝（見《方言》），後指拐杖，引申爲扶意。扶策，扶持、攙扶意，爲複意詞。南宋《西湖老人繁勝錄》：「二邊各有從人扶策」，是也。

扶碑

《黑旋風》一【哨遍】：「則我這兩條臂攔關扶碑，則我這兩隻手可敢便直的缺丁。」

《昊天塔》二【二煞】：「我呵，顯出些扶碑的手段，舉鼎的村沙。」

扶碑，謂力能扶碑，形容力氣大。

扶頭酒

扶頭

《剪髮待賓》一【寄生草】：「你則待扶頭酒尋半碗。」

《揚州夢》四、白：「想昨宵沉醉，今日又索扶頭也。」

《村樂堂》一【混江龍】：「覺來時一壺濁酒再扶頭。」

扶頭酒，易醉之酒也。扶頭，狀醉態。白居易《早飲湖州酒寄崔使君》詩：「一榼扶頭酒，泓澄瀉玉壺。」宋・王禹偁《回襄陽》詩：「扶頭酒好無辭醉，縮項魚多且放饞。」宋・李清照【念奴嬌】詞：「險韻詩成，扶頭酒醒，別是閑滋味。」清・孔尙任《桃花扇・卻奩》：「請老爺同到洞房，喚他出來，好飲扶頭卯酒。」據此，知唐宋已有扶頭酒，一直傳到清代，還用這個名稱。

拂綽（fú chuò）

《麗春堂》四【鴈兒落】：「你與我拂綽了白象牀，整頓了銷金帳。」

《硃砂擔》三【倘秀才】：「摩弄的這玉帶上精光燦爛，拂綽了羅襴
　　上衣紋可便直坦。」

《飛刀對箭》四【掛玉鈎】：「拂綽了土滿身。」

《梧桐葉》一【後庭花】：「思往事渾如夢，恨不的上青山便化身，
　　拂綽了壁間塵。」

拂綽，猶拂拭，謂除去塵垢。唐・韋應物《答令狐侍郎》詩：「白玉雖塵垢，拂拭還光輝。」明・無名氏雜劇《大破蚩尤》三【二煞】：「教關平拂綽了綠絨環鎖子黃金甲上塵。」語意並同。

浮屠

浮圖

浮屠，或作浮圖。一指佛塔；二指僧侶。

（一）

《黃梁夢》二【幺篇】白：「大人，饒夫人一命，勝造七級浮屠。」

《㑳梅香》二【歸塞北】白：「救人一命，勝造七級浮圖，不索多慮，
　　小姐有何台旨，著樊素回那生話去？」

《昊天塔》二【二煞】：「則爲那老令公骨殖浮屠掛，石攢來的柱礎
　　和泥掇，銅鑄下的旛杆就地拔。」

《西遊記》一本一齣、白：「旃檀紫竹隔凡塵，七寶浮屠五色新。」

浮屠，佛教名詞。梵文 buddha（佛陀）的舊譯，一譯「浮圖」；但也有把佛塔的音譯「窣堵波」譯作「浮屠」的，如上舉諸例是也。《三國志·吳志·劉繇傳》：「大起浮屠。」後魏·楊衒之《洛陽伽藍記》：「永寧寺中有八層浮屠。」《董西廂》卷一【雙調·文如錦】：「浮屠千丈，高接雲霓。」其「浮屠」云云，均指佛塔。

（二）

《西遊記》五本十七齣【六幺序】：「浮屠盡把三綱喪。」

佛教既爲佛所創立，因亦稱佛教徒爲浮屠，如本例是也。韓愈《送浮屠文暢師序》：「人固有儒名而墨行者，問其名則是，校其行則非，可以與之遊乎？」又《送高閑上人序》：「浮屠人善幻。」《宋史·穆修傳》：「母死，不飯浮屠，不爲佛事。」浮屠，均指僧侶。

除上二解外，也有以之稱佛教的，如《董西廂》卷一【黃鍾調·尾】白：「有寺曰普救，自則天崇浮屠教，出內府財勅建，僧藍無麗於此」，是也。

浮槎

《青衫淚》四【快活三】：「他便似莽張騫天上泛浮槎。」

《西廂記》一本一折【天下樂】：「滋洛陽千種花，潤梁園萬頃田，也曾泛浮槎到日月邊。」

《竹葉舟》一【賺煞】：「趁煙霞伴侶，乘著這浮槎而去。」

《太平樂府》卷一吳西逸小令【蟾宮曲·遊玉隆宮】：「朗誦《南華》，懶上浮槎。」

槎（chá），木筏；浮槎，浮在水上的木筏，古代神話傳說，說它是往來於海上和天河之間的交通工具。晉·張華《博物志》卷三：「舊說云：天河與海通，近世有人居海堵者，年年八月，有浮槎去來，不失期。」據傳說，漢張騫曾乘浮槎經黃河到過天河，遇見牛郎織女。杜甫《江上值水如海勢聊短述》詩：「新添水檻供垂釣，故著浮槎替入舟。」羅隱《衡陽泊木居士廟下作》詩：「只應神物長爲主，未必浮槎即有靈。」《董西廂》卷一【仙呂調·尾】白：「傍有江湖競相接，上連霄漢泛浮槎。」

浮沙羹

《西廂記》二本楔子【叨叨令】：「浮沙羹、寬片粉、添些雜糝；酸
黃虀、爛豆腐、休調啖。」

浮沙羹，王伯良本作「浮焰羹」，各家注本，均不詳爲何物，實際就是糝
（sǎn）羹。《宋史・文天祥傳》：「從樵者乞得餘糝羹。」蘇軾《山芋作玉糝羹》
詩云：「莫將南海金虀膾，輕比東坡玉糝羹。」《蔬食譜》：「土酥蘆菔作玉糝
羹。」云「玉」者，狀其白；云「糝」者，謂以米合羹也，見《說文》。《周
禮・天官》注：「取牛羊之肉三如一，小切之，以稻米二肉一，合以爲餌，煎
之。」今濟南呼糝作沙，去聲，猶「罅漏」之「罅」，本亦作滲，亦呼作沙，
去聲。云「浮」者，蓋狀其稀薄不稠。今上海之雞粥，魯東之格查粥，都是
「糝羹」一類的食品。

浮雲瘙癢

《博望燒屯》三【鴛鴦煞尾】：「暢道覷曹操孫權，似浮雲瘙癢。」

浮雲瘙癢，北語喻輕而易舉之詞，猶「拊皮搔癢」，意謂辦事不須著意用
力也。元刊本《博望燒屯》作「浮雲瘙癢」，搔爲正字，訛爲瘙。「浮雲」，喻
不足關心；《論語・述而》：「不義而富且貴，於我如浮雲」，是也。

幞頭

撲頭

《遇上皇》四【雙調新水令】：「這紗幞頭直紫襴，怎如白纏帶舊紬
衫？」

《陳摶高臥》二【烏夜啼】：「我其實戴不的幞頭緊，穿不的朝衣坌。」

《瀟湘雨》二【醉太平】：「這幞頭呵，除下來與你戴只。」

《敬德不伏老》三【尾聲】白：「綽見我那鐵撲頭，紅抹額，烏油甲，
皂羅袍。」

《小尉遲》二【醉春風】：「我與你忙帶上鐵幞頭，緊拴了紅抹額。」

幞（fú）頭，一名帕首，幘（zé）巾之屬，是古代男子所戴的一種頭巾。
後周武帝爲便利打仗，把這種頭巾改爲皂紗全幅，向後束髮，把紗的四角

截直，稱爲幞頭，《新唐書・車服志》所謂：「幞頭起於後周，便武事者也。」《舊唐書・輿服志》名之曰「折上巾」。唐・劉肅《大唐新語》卷十：「折上巾，戎冠也；靴，胡履也。咸便於軍服。昔袁紹與魏武帝戰於官渡，軍敗，復巾渡河，遞相倣傚，因以成俗。初用全幅皀，向後幞髮，謂之幞頭。周武帝纔爲四角。武德以來，始加巾子。」宋・王得臣《塵史・禮儀》謂又名「軟裹」。後加垂腳，又以桐木作骨子，使之高起，名「軍容頭」，見《朱子語類・雜儀》。當時爲貴賤通服，宮中女官及女樂亦用之。兩腳形狀變化很多：有弓腳幞頭，見《宋史・儀衛志二》；有交腳幞頭，見孟元老《東京夢華錄》卷十；其兩腳稍屈而上者，名「朝天巾」，見王得臣《塵史・禮儀》。明・王圻《三才圖會》又有「展腳幞頭」之稱。歷代迭有改進，後來就演變爲紗帽。

幞頭，又作撲頭。《說文新附考》謂「幞頭」之「幞」，義當用「撲」。或作浮圖，如《岳飛破虜東窗記》八【紅繡太罩】末白：「不免叫俺部下整肅鐵浮圖、拐子馬，前去對陣」，是也。

輔佐

輔祚　輔作

《裴度還帶》楔、白：「據中立文武全才，輔祚皇朝。」

《隔江鬬智》一、白：「輔佐江東孫仲謀。」

《盛世新聲》【雙調新水令・恨天涯流落客孤寒】：「你著我輔作江山，保奏的掛印登壇。」（《詞林摘艷》卷五作「輔佐」。）

輔佐，謂輔助。佐，或作祚、作，音意同。北人讀佐、祚、作同音。王季烈校《孤本元明雜劇》云：「佐當爲助」，蓋因不知北方讀音之故。

副旦

《貨郎旦》二：「〔副旦扮張三姑背俫兒慌上，云：〕走，走，走！早是我遭喪失火，更那堪背井離鄉？」

又同劇二【得勝令】：「〔李彥和喚副旦科，云：〕三姑，將這褐袖來曬一曬。〔副旦云：〕不須曬，胡亂穿罷！」

又同劇二【太平令】：「〔副旦叫云：〕救人！救！」

　　元劇的女腳色，統稱爲旦。旦、妲之名始見於宋之《夢粱錄》和《武林舊事》。《夢粱錄》卷一「元宵」條內有「細旦戴花朵」句，《武林舊事》卷二有「細妲」、「麤妲」之稱，可知南宋不僅有「旦」之稱，且有細、麤之別。然以男性扮「旦」的事例，在唐代即已普遍流行，唐‧段安節《樂府雜錄》云：「咸通以來，即有范傳康、上官唐卿、呂敬遷三人，弄假婦人。」所謂「弄假婦人」，就是以男人搬演婦女之謂也。用男人搬演婦女，其事頗古，王國維更上推到漢、魏、南北朝。《古劇腳色考》云：「《漢書‧郊祀志》：『紫壇爲設女樂。』裴松之《三國志》注引《魏書》司馬景王奏永寧宮日：『皇帝日延小優郭懷、袁信於廣望觀下，作遼東妖婦。』而北齊《踏謠娘》戲，亦以丈夫著婦人人爲之」，是也。

　　在元劇中，由於所扮人物在劇中的身份、地位不同，除正旦外，又有副旦、貼旦、外旦、老旦、大旦、小旦、色旦、搽免等名目。上文所引《夢粱錄》、《武林舊事》又有所謂細旦（妲）、麤旦（妲）。元‧夏庭芝《青樓集》更有花旦之名，蓋即元曲之色旦、搽旦也。

副末

　　《蝴蝶夢》一：「〔副末扮地方上，云：〕王大、王二、王三在家麼？」

　　《灰闌記》楔：「〔副末扮馬員外上，云：〕小生姓馬名均卿，祖居鄭州人氏。」

　　《碧桃花》楔：「〔副末扮張道南引淨興兒上。〕」

　　副末，是由古代蒼鶻演變而來的角色名。元‧陶宗儀《輟耕錄》云：「院本則五人：一曰副淨，古謂之『參軍』；一曰副末，古謂之『蒼鶻』——鶻能擊禽鳥，末可打副淨，故云。」明人朱權《正音譜》和徐渭《南詞敘錄》均同此主張。李商隱的《嬌兒》詩云：「忽復學參軍，按聲喚蒼鶻。」可見在唐末，人已習知這兩個腳色。「末」作爲腳色名，最早見於宋人馬令的《南唐書‧歸明傳》。「副末」之名，始見於北宋歐陽修的謝簡，如云：「正如雜劇人上名下韻不來，須副末接續」，是也。其後《武林舊事》則作「次末」。元劇中又有作「付末」、「傅末」的，均爲同音異寫。

　　元劇中的末腳，統由男扮。主腳謂之正末，此外有副末、冲末、大末、二末、三末、小末、外末、末泥等名目。到明清的傳奇和京戲裏，「生」的名稱，就逐漸代替了「末」。

副淨

　　《竇娥冤》一：「〔做勒卜兒科，孛老同副淨張驢兒衝上，賽盧醫慌
　　走下，孛老救卜兒科，張驢兒云：〕爹，是箇婆婆，爭些勒殺了。」

　　副淨，是古代參軍演變的角色。王國維《古劇腳色考》云：「⋯⋯唐時
則手執木簡，宋則手執竹竿拂子（《東京夢華錄》），或執杖（《齊東野語》卷
一十），故亦謂之竹竿子（史浩《鄖峰眞隱漫錄》卷四十五），又謂之副淨。
陶宗儀云：副淨，古謂之參軍（《《輟耕錄》卷二十五》，甯獻王云：靚，古
謂參軍（《太和正音譜》卷首）。然考之北宋，已有副靖之名。黃山谷詞，所
謂『副靖傳語木大』是也。又謂之次淨（《武林舊事》卷四）。宋元人書中，
但有副淨而無淨。單云淨者，始於《太和正音譜》（《元曲選》有淨，然恐經
明人刪改）。余疑淨即參軍之促音，參與淨爲雙聲，軍與淨似疊均，參軍之
爲淨，猶勃提之爲披，邾婁之爲鄒也。）

　　淨角，在元雜劇中，一般是以扮演剛強獰猛的人爲主，多由男角扮演，
也偶有女角扮演的。由於在劇中的地位和活動情況不同，除正淨外，又有淨、
副淨、二淨、丑等名目之分。元劇中的淨、末有時可以互換，不像後來分得
那樣嚴格。

該撥

　　《漢宮秋》二【梁州第七】：「體態是二十年挑剔就的溫柔，姻緣是
　　五百載該撥下的配偶，臉兒有一千般說不盡的風流。」

　　脈望館鈔校本《曲江池》一【鵲踏枝】：「子（只）要你箇撮合山成
　　就了鸞孤鳳隻，便是俺五百年該撥定的佳期。」

　　該撥，猶云注定。

改常

　　《漁樵記》三【喜春兒】白：「這廝原來是個忘人大恩、記人小恨，
　　改常早死的歹弟子孩兒。」

　　《劉弘嫁婢》一【寄生草】白：「想您兒三、四歲兒，姑娘帶將我來
　　到這家裏，虧姑夫擡舉的成人長大。知道的，是你老人家改常；不
　　知道的，則說我生事要出去哩！」

改常，謂改變常態。元・陶宗儀《輟耕錄》卷十七云：「今人謂易其所守者爲改常。宋・孫光憲《北夢瑣言》：『左軍容使嚴遵美，閹官中仁人也。嘗一日發狂，手足舞蹈。傍有一貓一犬，貓忽謂犬曰：軍容改常也。』」

蓋頭

酹江集本《竇娥冤》一【後庭花】：「怎戴那綃金錦蓋頭？」

蓋頭，亦稱蓋巾，舊時舉行婚禮時新娘蒙頭的頭巾，入洞房後由新郎揭起，現代北方話叫做「袱子」。宋・吳自牧《夢粱錄》卷二十「嫁娶」條：「先三日，男家送催妝花髻、銷金蓋頭……之類。」又云：「（兩新人）并立堂前，遂請男家雙全女親，以秤或用機杼挑蓋頭，方露花容」，是也。《清平山堂話本・花燈轎蓮女成佛記》：「看蓮女鼻中流下兩管玉筯來，遂揭了銷金蓋頭。」戲文《張協狀元》五十三【幽花子】：「蓋頭試待都揭起」，亦其例。

又舊時婦女帶孝時蒙頭的白布，也叫蓋頭，如《清平山堂話本・快嘴李翠蓮記》：「小姑姆姆戴蓋要，伯伯替我做孝子。」

蓋抹

《西廂記》四本楔子【仙呂端正好】：「著一片志誠心蓋抹了漫天謊。」

蓋抹，即改抹，意謂塗改文字，引申之作變動、改動講。蓋改音近借用。《董西廂》卷二【黃鍾宮・出隊子】：「賢不是九伯與風魔，世言了怎改抹？」明・馮北海雜劇《不伏老》二【鴈兒落】：「辭離了黃金郭隗臺，改抹了錦繡相如賦。」明・徐渭雜劇《雌木蘭》一【油葫蘆】：「幾年價纔收拾得鳳頭尖，急忙的改抹做航兒泛。」按：「鳳頭尖」喻足小，「航兒」喻腳大如船。

蓋造

搭造　蓋作

《西廂記》二本一折【幺篇】：「這廝每於家爲國無忠信，恣情的擄掠人民。更那堪天宮般蓋造焚燒盡，則沒那諸葛孔明，便待要博望燒屯。」

《王粲登樓》三【醉春風】白：「敢問安道，此樓何人蓋造？」

《老君堂》一【幺篇】白：「兀的不是座城池？好是蓋造的好也！」

《爭報恩》楔、詞云：「佔下了八百里梁山泊，搭造起百十座水兵營。」

《詞林摘艷》卷三元大都歌妓王氏散套【粉蝶兒・江景蕭疏】：「見一座古寺宇，蓋造得非常俗。」

《樂府群珠》卷四張雲莊小令【朱履曲・驚世】：「家庭中添些蓋作，囊筐裏儧些東西。」

蓋造，指房屋建築。按：古人稱編茅覆屋爲蓋屋，後來建築房屋也稱蓋屋，北宋・沈括《夢溪筆談》卷二十四《雜志一》云：「趙韓王治第，……蓋屋皆以板爲笪（dá）」，是也。南宋以來多稱「蓋屋」爲「蓋造」，如：《宣和遺事》亨集：「這座宅是誰人的？直這般蓋造的十分清楚！」《董西廂》卷一【高平調・木蘭花】：「其間蓋造的非小可。」等等。

蓋造，或作搭造、蓋作，義同。

甘分

《誶范叔》楔【幺篇】：「常則是半生忙不遂我平生志，居陋巷，甘分隨時。」

《竹塢聽琴》三【幺篇】：「我出塵寰甘分修行。我心如皓月連天靜，性似寒潭徹底清，休想有半點俗情。」

《剪髮待賓》一【賺煞】：「我甘分饑寒守自然。」

《盆兒鬼》三【越調鬥鵪鶉】：「俺如今赤手空拳，少柴也那缺米；常則是甘分隨緣，麤衣糲食。」

《太平樂府》卷六朱庭玉散套【祆神急・貧樂】：「固窮甘分，樂夫天命復奚疑！」

甘分，謂心甘情願。唐・劉餗《隋唐嘉話》下：其子涕泣不自辯明，但言：『得罪於母，死甘分。』」白居易《對鏡吟》：「女吟所得須甘分，腰佩銀龜朱兩輪。」唐・韓偓《即目》：「宦途棄擲須甘分。」宋代話本《簡帖和尙》：「甘分守閭丘。」戲文《張協狀元》：「每甘分，粗衣布裙。」或倒作分甘，如《新編五代唐史平話》卷上：「兵敗拿至此，分甘一死」，是也。分，讀去聲，意同份，即「本份」之「份」。

甘罷

乾罷　干罷

《單刀會》一【混江龍】白：「想關雲長好生勇猛，你索荊州呵，他弟兄怎肯和你甘罷？」

又同劇二【倘秀才】白：「關雲長他弟兄五箇，他若是知道呵，怎肯和你甘罷？」

《灰闌記》三【節節高】：「這婆娘好生心狠，好生膽大；相趕到這裏，要乾罷如何乾罷？」

《昇仙夢》三【北聖藥王】：「圖財致命怎干罷？」

《劉弘嫁婢》二【朝天子】白：「信著你這等的言語，肯則那等干罷了麼？」

　甘罷，謂甘心情願罷休；白白了事，不再鬧下去。甘，或作乾、干，同音假借。《清平山堂話本·刎頸鴛鴦會》：「則說不和我干罷。」

甘不過

甘不的

《李克用箭射雙鵰》【醉春風】：「你這般揎拳裸袖打阿誰？我甘不過你，你。」

《陳母教子》二【賀新郎】：「我甘不的這廝看文書一夜到三更後。」

《梨園樂府》上商政叔散套【一枝花·遠寄】：「甘不過輕狂子弟，難禁受極紂勤兒。撞聲打怕無淹潤，倚強壓弱，滴溜著官司。」

鈔本《陽春白雪》前集四無名氏小令【錦橙梅】：「甘不過這不良，喚梅香，快扶入那銷金帳。」

張可久小令【滿庭芳·春日閨思】：「今春未歸，甘不過燕雙飛。」

　甘不過，或作甘不的，即忍不得、受不了的意思。

乾喬

《風雲會》二【菩薩梁州】：「你可也暢好是乾喬，休施兇暴，休胡爲亂作。」

《舉案齊眉》三【鬼三台】：「〔張云：〕小姐，你當初嫁了俺呵，可不好那？〔正旦唱：〕只管裏故意乾喬。〔張做扯正旦衣服科，云：〕小姐，向前來，我和你說一句話兒咱。〔正旦推科，唱：〕去波！你歪纏些怎的？」

乾喬，爲魯莽粗暴和做作之意。

乾沒

《陳州糶米》三【哭皇天】：「盜糶了倉米，乾沒了官錢。」

侵吞公、私財物曰乾沒。《史記・酷吏・張湯傳》：「湯始爲小吏乾沒。」《正義》云：「按乾沒，謂無潤及之而取他人也。」《魏志・傅嘏傳》：「豈敢寄命洪流，以徼乾沒乎？」晉・葛洪《抱朴子》：「忘髮膚之明戒，尋乾沒於難冀。」清・翟灝《通俗編・貨財・乾沒》：「按：諸所云：大抵皆徼幸取利之義，而世俗又以掩人財物爲乾沒，其言則自唐以後始。」《五代史・李崧傳》：「李嶼僕葛延遇，爲嶼商賈，多乾沒其貲，嶼笞責之。」《宋史・河渠志》：「每興一役，乾沒無數。」宋・王明清《揮麈後錄》：「某家有逢辰錄，爲錢仲昭假去乾沒。」清・吳趼人《二十年目覩之怪現狀》第七十九回：「不到一個月，他乾老子也死了，只賸下一個乾娘，他就從中設法，把一家洋貨店全行乾沒了過來。」以上皆其例。

乾淨

乾淨，其義有五：一謂清潔；二謂省心、利索；三謂安寧；四指鬼祟；五謂罷休。

（一）

《救風塵》三【滾繡毬】白：「小二哥，你打掃一間乾淨房兒，放下行李。」

《誶范叔》四【太平令】：「揀一塔乾淨田地，將這廝跪只。」

《鐵拐李》一【金盞兒】白：「說與你把持官府岳孔目，著他洗的脖子乾淨，絕早州衙試劍來。」

以上各例，謂清潔，現在口語中，還是這樣說。

（二）

《竇娥冤》二、白：「不若收拾了細軟行李，打箇包兒，悄悄的躲到別處，另作營生，豈不乾淨？」

《燕青博魚》三【滾繡毬】：「〔正末云：〕嗨！這廝可走了也！〔燕大云：〕好！走了到是場乾淨！」

《灰闌記》一【賺煞】白：「這個容易；只是那小廝，原不是你養的，你要他怎的？不如與他去的乾淨。」

《神奴兒》二：「〔做埋俫兒科，云：〕填上些土，潑上些水，哎喲！整累了我一日，可不是個乾淨！若不是我靠著你，那有這箇見識？」

以上謂省心、利索、無牽累。《喻世明言・沈小官一鳥害七命》：「口不欲言，耳不欲聞，筆不欲書，就一頓打死他倒乾淨。」

（三）

元刊本《調風月》三【東原樂】：「你只牢查著八字行，俺那廝陷坑，沒一日曾乾淨。」

《氣英布》二【煞尾】：「直抵著二十個霸王沒的支撐，連你箇說嗒的隋何也不乾淨。」

乾淨，謂平安、安寧。《宋史・汪立信傳》：「立信與賈似道遇，似道問立信何向？立信曰：江南無一寸乾淨地，某去尋一片趙家地上死，第要死得分明爾。」《水滸》第九回：「薛霸道：……捨著還他十兩金子，著陸謙自去尋這和尚便了，我和你只要躲得身子乾淨。」皆其例。

（四）

《紅梨花》三【幺篇】白：「這花園不乾淨，得你在這裏伴我一伴也好。」

上例，舊時指鬼祟事；有鬼怪作祟叫做不乾淨。

（五）

《曲江池》三【滿庭芳】：「這一場唱叫無乾淨，死去波好好先生。」

《陳州糶米》一《元和令》：「則俺個糶米的有甚罪名？和你這糶米的也不乾淨。」

上例，謂罷休、休止。《古今小說·閒雲庵阮三償冤債》：「師父，怎地把我兄弟壞了性命？這事不得乾淨。」「不乾淨」，謂不得罷休也。參見「無乾淨」條。

乾虖

《雲窗夢》一【天下樂】：「你早賣了城南金谷園，乾也波虖，怎過遣？」（亦見於《詞林摘艷》卷四。）

乾虖，謂窮竭，引申義爲落魄。

乾請（qīng）

《漢宮秋》二【牧羊關】：「你們乾請了皇家俸，著甚的分破帝王憂？」

《陳州糶米》三【南呂一枝花】：「如今那當差的民戶喜，也有那乾請俸的官人每怨。」

凡無其實而有其名者，皆曰「乾」；「請」讀平聲，意爲請受。今北京口語仍這樣讀音。「乾請俸」，即無功受祿、不作事白拿錢之意。

乾著

《張天師》二【黃鍾尾】：「直等得佛出世，可不的乾著你這相思無盡極。」

《酷寒亭》四【落梅風】：「萬一個在中途被人謀害，可不乾著了當初救命來？」

《灰闌記》一【賺煞】白：「若到官呵，他每不向我，可不乾著這一番？」

《竹葉舟》二【折桂令】白：「今日我這道友再三再四的度脫你出家，你則不省悟，可不連我等都乾著了也。」

《凍蘇秦》二【四邊靜】白：「你不曾爲官呵，著我做甚麼大官人？乾著我買了個唐帽，在家安了許多時。」

《隔江鬥智》一【元和令】：「萬一箇被他識破有參差，可不把美人圖乾著使？」

乾，猶空，猶徒，白白地；乾著，即空負、徒教、狂然之意。

乾生受

《竇娥冤》一【青哥兒】:「想當初你夫主遺留,替你圖謀,置下田疇,蚤晚羹粥,寒暑衣裳;滿望你鰥寡孤獨,無揹無靠,母子每到白頭。公公也,則落得乾生受。」

《老生兒》一、白:「若是得一個小廝兒,我兩隻手交付與他那家私,我不乾生受了一場。」

《魔合羅》一【金盞兒】白:「誰問你?說出這個話來!倘或有人聽的,圖了你財,致了你命,不乾生受了一場。」

《兒女團圓》一、白:「我這兩個孩兒,可不乾生受了一世,只得了這一分家計。」

乾,謂枉自、白白地。生受,謂辛苦。乾生受,白辛苦的意思。參見「生受」條。

乾茨臘

乾支剌　干支剌　乾忽剌　乾合剌　乾支支

《救風塵》三【滾繡毬】:「那好人家將粉撲兒淺談勻,那裏像喒乾茨臘手搶著粉。」

《調風月》三【越調鬬鵪鶉】:「好箇箇舒心,干支剌沒興。」

《燕青博魚》四【攪箏琶】:「急的我心兒跳,好一似熱油澆。為甚麼乾支剌吐著舌頭,呆不騰瞪著個眼腦,鼻凹裏冷氣出,咽喉內熱涎潮?」

《瀟湘雨》三【古水仙子】:「可、可、可,乾支剌送的人活地獄;屈、屈、屈,這煩惱待向誰行訴?」

《對玉梳》二【滾繡毬】:「促人眉黛的矮牆側舞飄飄凋敗柳,替人憔悴的小塘中乾支支枯老荷。」

《舉案齊眉》三【越調鬬鵪鶉】:「住的是灰不答的茅團,鋪的是乾忽剌的葦蓆。」

《雍熙樂府》卷八散套【一枝花‧風情】:「粧孤的大廝八,買笑的乾合剌。」

乾茨臘，即乾枯、乾癟之意。乾，一作干。茨臘，語助詞，或作支刺、忽刺、合刺、支支，其作用並同。

敢

「敢」字含義很多：一義為不怕；二用為謙詞；三用作助動詞，猶管；四用為疑問詞，謂莫非、難道；五謂恐怕（疑點較輕）；六猶可；七猶會；八猶正；九為敢情之省詞。

（一）

《謝天香》一【混江龍】：「但有箇敢接我這上廳行首案，情願分付與你這樁演戲臺兒。」

《任風子》四【梅花酒】：「我敢顯躁暴，我敢搊住你那頭梢，我敢爛膳膳打碎你腦，我敢各支支搦折你腰。」

《智勇定齊》二【紅繡鞋】詩云：「空有江山并社稷，無人敢與定封疆。」

《連環計》二【哭皇天】白：「您孩兒並不曾敢說甚麼。」

以上「敢」字，謂不怕，有膽量。

（二）

《襄陽會》楔、白：「敢問師父，何為運籌之士？」

《虎頭牌》二【落梅風】白：「我今日辭哥哥去，敢問哥哥要什麼？」

《黃鶴樓》三、白：「今具濁酒菲肴，敢勞玄德公屈高就下，枉駕來臨。」

《神奴兒》四【雙調新水令】：「恰纔箇上西延奉詔賞三軍，這回來敢辭勞頓，乘驛馬到儀門。」

清·佚名《補天記》十四【普天樂·前腔】白：「魯肅有何德能，敢勞君侯玉趾。」

以上「敢」字，為自言冒昧、表示謙恭之詞，凡敢問、敢請、敢煩等均屬之。清·劉淇《助字辨略》卷三：「《書·湯誓》：『敢昭告於皇皇后帝。』《禮記·投壺》：『賓曰：敢固辭。主人曰：敢固請。』《儀禮·士虞禮》：『敢用絜

牲。』鄭注云：『敢，冒昧之辭。』疏云：『凡言敢者，皆是以卑觸尊，不自明之意。』」杜甫《四松》詩：「敢爲故林主，黎庶猶未康。」此「敢」字，猶言那敢，亦自謙之辭也。

（三）

元刊《竹葉舟》一、白：「望見這青龍寺有一道紫氣，敢有此人在這寺里。」

《魯齋郎》一【天下樂】：「那其間敢賣了城南金谷園。」

《西廂記》三本楔子【仙呂賞花時】：「若得靈犀一點通，敢醫可了病懨懨。」

《三奪槊》二《隔尾》：「那鞭休道十分的正著，則若輕輕地抹著，敢教你睡夢裏驚急列地怕道曉。」

又同劇二【哭皇天】：「來日你若那鐵幞頭紅抹額，烏油甲皁羅袍，敢教你就鞍心裏驚倒。」

《對玉梳》二【二煞】：「敢著你有家難逩，有口難言，有氣難呵。」

《延安府》一【尾聲】：「我若是責了招狀，敢著他目下身殂。」

《蘇小卿月夜販茶船》【幺篇】：「若見俺那負德辜恩，短命喬才，敢吃我會摑打揪搛。」

以上「敢」字，用作助動詞，猶管，有包管、準定、必然之意，表示有把握做到某種事情。宋・曹組【品令】詞：「促織兒聲響雖不大，敢教賢，睡不著。」「敢教賢，睡不著」，謂保證攪得你睡不成覺也。

（四）

《竇娥冤》一、白：「你敢是不肯，故意將錢鈔哄我？」

又同劇二【隔尾】白：「都不是，敢是我下的毒藥來？」

《虎頭牌》四【七弟兄】：「誰著你賞中秋、翫月暢開懷，敢前生少欠他幾盞黃湯債？」

《魔合羅》一【一半兒】白：「敢是我這身體不潔淨，觸犯神靈？」

《灰闌記》一【混江龍】白：「哥哥，你敢替母做七來？起墳來？還是弔孝來？」

—455—

《陳州糶米》二、白：「這個白髭鬚的老兒，敢是包待制？」

明・湯顯祖《牡丹亭》三十【瑣窗寒】：「姐姐敢定了人家？」

以上「敢」字，為表疑問之詞，意謂莫非、難道。

（五）

《裴度還帶》一【那吒令】：「邦反坫，樹塞門，敢管之器小哉！」

《漢宮秋》一【醉中天】：「若是越勾踐姑蘇臺上見他，那西施半籌也不納，更敢早十年敗國亡家。」

《虎頭牌》一【天下樂】：「只見他越尋思越著昏，敢三魂、失了二魂。」

《西廂記》二本四折【紫花兒序】白：「姐姐，你看月闌，明日敢有風也！」

《合汗衫》一【天下樂】白：「孩兒，這敢不中麼？」

《魔合羅》二【寨兒令】：「這的敢不是風寒藥？」

《牡丹亭》十六【駐馬聽】白：「若早有了人家，敢沒這病。」

以上「敢」字，謂恐怕，為推想、或然之辭，語氣不肯定。按此解釋，與作為「莫非」、「難道」講者，同具懷疑性質，故有時同一例證而兼此二解，如《陳州糶米》二折：「這個白髭鬚的老兒，敢是包待制？」此「敢」字，固可解為「莫非」、「難道」，解作「恐怕」，亦可。但以懷疑程度，兩者不同，語氣亦別，故多數釋意不能完全相同耳。如《合汗衫》一折：「孩兒，這敢不中麼？」此「敢」字，只宜解為「恐怕」，若易以「莫非」、「難道」，意思就扭了。

（六）

《羅李郎》三【幺篇】：「〔正末云：〕我待捨些飯與他每吃，哥哥，可是敢麼？〔甲頭云：〕那裏不是積福處，則（只）管捨，不妨事。」

《降桑椹》二【南青哥兒】：「〔糊塗蟲云：〕把你這兩隻眼，挈尖刀子剜將下來，用一鍾熱酒吃將下去，你這婆婆就好了。〔蔡員外云：〕他便好了，我可怎麼了？〔糊塗蟲云：〕你敢柱著明仗兒走。」

《㑯梅香》三【小桃紅】：「〔白敏中云：〕小生敢去也不敢去？〔正旦云：〕先生，你去不妨。」

以上「敢」字，猶云可，即可以之意。唐・皮日休《泰伯廟》詩：「當時盡節稱高義，雖敢教他莽卓聞。」「誰敢」，即那可也。《董西廂》卷一【大石調・玉翼蟬】：「數幅花牋，相思字寫滿，無人敢暫傳。」「無人敢暫傳」，謂無人可一遞情書也。上舉元劇各例，準此皆可迎刃而解。

（七）

《老生兒》一【賺煞尾】：「則那兩件事敢消磨了我這半世的災：我也再不去圖私利狠心的放解，我也再不去惹官司瞞心兒舉債。」

《合汗衫》一【油葫蘆】：「〔帶云：〕你看那人，也則是時運未至。〔唱：〕他可敢一世裏不如人」

《智勇定齊》楔【仙呂賞花時】：「我直著十一國敢可兀的盡來朝。」

《小尉遲》二【紅繡鞋】：「你更怕我敢慈悲，生患害。」

《陽春白雪》後集五劉時中散套【新水令・代馬訴冤】：「雕鞍金彎，再誰敢一鞭行色夕陽低。」（抄本《白雪》「敢」作「收」。）

以上「敢」字，猶會。會者；能也，表示懂得怎樣做或有能力做。晉・陶潛《榮木》詩：「脂我名車，策我名驥，千里雖遙，孰敢不至！」「孰敢」，那會之意也。《董西廂》：「合下尋思，料他不敢違言。」「不敢」，不會也。

（八）

《抱粧盒》四【幺篇】：「敢可便抱定粧盒，背卻宮娥，疾行前去，不防他劉太后劈頭相遇。」

上舉「敢」字，猶正也。「可便」，語助詞，無義。「敢可便抱定粧盒」，即正抱定粧盒之意。明・無名氏雜劇《度黃龍》一【混江龍】：「今日敢講說大乘妙法哩！」敢，亦正也。

（九）

《牆頭馬上》三【太平令】白：「是了，敢這廝也知情。」

《薦福碑》二【呆骨朵】：「〔曳剌上，云：〕好塊子馬！腳打著腦杓子走趕不上，兀的不是那塊子馬？相公，敢在這裏！」

上舉「敢」，俗語「敢情」之省詞，原來之意。

敢則

敢只

敢則，或作敢只，因文生義，例釋如下：

（一）

《柳毅傳書》一【混江龍】：「〔帶云：〕俺那龍呵，〔唱：〕可曾有半點兒雨雲期，敢只是一剗的雷霆怒。」

《瀟湘雨》四【正宮端正好】：「雨如傾，敢則是風如扇。」

《金錢記》一【金盞兒】：「尋包彈，覓破綻，敢則無纖掐。」

《兒女團圓》三【商調集賢賓】：「則俺那小哥哥從幼兒便有志節，端的那頑劣處並無些。敢則是天生的聰俊，待改家門，氣象兒全別。」

《鎖魔鏡》三【調笑令】：「喒兩箇橫槍躍馬且交半籌，敢則一陣裏抹了芒頭。」

以上各例，意猶必定、包管。則、只通用，義同。

（二）

《氣英布》二、白：「漸近成皋關了，怎不見漢家有什麼糧草供應、人馬應接，敢則是隋何自家的意思，要賺咱去獻功。」

《桃花女》一【油葫蘆】：「我則道別逢閒漢頻搖手，你可也敢則是飽諳世事慵開口。」

《劉弘嫁婢》三【越調鬥鵪鶉】：「則俺這頑子奇童，學儒人的秀士，他從那乳齔裏胎齠，敢則是朝經暮史。」

《爭報恩》一【勝葫蘆】：「做甚買賣度的昏朝，敢則是靠些賭官博。」

又同劇同折【幺篇】：「往日家私甚過的好，敢則是十年五載，四分五落，直這般踢騰了些舊窩巢。」

以上各例，為猜度之詞，意猶大概、多半、恐怕。或作敢只，巾箱本《琵琶記》二十一：「怎的只見殺聲在絃中見，敢只是螳螂來捕蟬」，是也。或作敢此，明·凌濛初二刻《拍案驚奇：青樓市探人踪，紅花場假鬼鬧》：「聞得雲南人只要覷老的，我們敢此不中你們的意，不多幾日只要跳槽」，是也。

（三）

《裴度還帶》一【鵲踏枝】：「配四聖十哲，定七政三才。君聖明威伏了四海，敢則他這廟堂臣八輔三台。」

《陽春白雪》前集四關漢卿小令【大德歌·冬】：「好教人暗想張君瑞，敢則是『愛月夜眠遲』。」

《兒女團圓》四【梅花酒】：「我覷了這女艷姿，如此般蠢坌身子，龐奘腰肢，卻生的這般俊秀的孩兒。敢則是，『鴉窩裏出鳳凰，糞堆上產靈芝』。這言語信有之。」

以上意爲正是。元曲作家往往以「正是」二字領起成語或熟語，「敢則是」，用法相同。

敢待

敢大　待敢

敢待，或作敢大，或倒作待敢。其義有二：

（一）

《竇娥冤》楔、白：「這早晚竇秀才敢待來也。」

《救風塵》四、白：「這些時周舍敢待來也。」

《拜月亭》三【滾繡毬】白：「阿也！是敢大較些去也。」

《東牆記》一【寄生草】白：「姐姐，我猜著你敢待和昨日那秀才說話，他在那壁，你在這壁，如何得會？」

《西廂記》一本一折【天下樂】白：「師父敢待回來。」

《雲窗夢》一【村裏迓鼓】：「待敢要蝶避了蜂，鶯離了燕，著鏡破了銅，簪折了玉，鈿墜了泉；張郎啊！俺直恁的緣薄分淺！」

敢待，謂就要、將要、大概要，含有一定程度的肯定語氣。「敢大」之「大」，用法同「待」；待雙聲通用；元刊本中常以「大」作「待」字用。

（二）

《梧桐雨》二【剔銀燈】：「那些個齊管仲、鄭子產，敢待做假忠孝龍逢、比干？」

－459－

《薛仁貴》一【天下樂】：「敢待賣弄你這英雄大丈夫？誰也波如，自審付，可甚的養由基善穿楊百步餘？」

敢待，莫非要之意，含疑問口氣。

敢戰軍

敢戰兒　敢戰鐵衣郎

元刊《博望燒屯》三【雙調新水令】：「管著二千員敢戰鐵衣郎，只除是莽張飛不伏諸亮。」

《虎頭牌》一【一半兒】：「則俺那祖公是開國舊功臣，叔父，你從小裏一個敢戰軍；這金牌子與叔父帶呵，也是本分。」

《謝金吾》二、白：「忘生捨死安邦將，大膽雄心敢戰兒。」

敢戰軍，或作敢戰兒，猶今言敢死隊，謂勇武不畏死。《三國志·吳志·吳主權傳》：「以輕船五百，敢死萬人襲攻徐陵。」

趕趁

《金線池》一【賺煞】白：「好運好運，卑田院裏趕趁！你要嫁韓輔臣，這一千年不長進的，看你打蓮花落也！」

朱有燉《悟真如》【耍孩兒】：「趕趁處休牽掛，收拾了古弄，洗涫了煙花。」

趕趁，即趕生意、乘時營業以博利之謂。《水滸》第四回：「小人趕趁些生意，不及相陪」；又同書第二十一回：「恰好唐牛兒托一盤子洗淨的糟薑來縣前趕趁」，是也。《金線池》劇中的「趕趁」，與「卑田院」連文，意同討飯，是對韓輔臣的奚落。

推演前義，宋、元時歌兒妓女以到處賣藝為生者，都叫趕趁。宋·吳自牧《夢粱錄》卷十六「分茶酒店」條：「有一等下賤妓女，不呼自來，筵前抵應，臨時以些少錢會贈之，名『打酒座』，亦名『禮客』。」這就是「趕趁」。宋·周密《南宋市肆記》云：「馮金寶手拿廝鑼（即唱曲者所持小鑼，唱時為樂器，唱罷用以斂錢），酒樓趕趁。」又周密《武林舊事》卷六云：「又有吹簫、彈阮、息氣、鑼板、歌唱、散要等人，謂之『趕趁』。」

也有把找相識或投謁的，叫做趂趁，如《警世通言·俞仲舉題詩遇上皇》：「俞良又去趂趁，吃了幾碗餲酒」，是也。

幹家

幹家緣

《竇娥冤》三【快活三】：「念竇娥從前已往幹家緣。」

《救風塵》一【寄生草】：「幹家的乾落得淘閒氣，買虛的看取些羊羔利，嫁人的早中了拖刀計。」

《忍字記》一、白：「我這兄弟十分的幹家做活，早起晚眠，放錢舉債，如此般般勤，我心中甚是歡喜。」

《酷寒亭》一【金盞兒】白：「我那幹家做活的姐姐好也！他原來不曾死，你怎麼說謊，好不賢惠的臉！」

《合汗衫》一【青哥兒】白：「您孩兒則是幹家的心腸，可惜了這錢鈔，與那窮弟子孩兒。」

《羅李郎》一【賺煞】：「我一片幹家心，話不相投，沒來由，枉把你收留。」

幹，猶云主持、支撐、主管。《後漢書·伏湛傳》：「欲令幹任內職。」注：「幹，主也。」幹家、幹家緣，就是操持家務、經營家庭生計的意思。戲文《宦門子弟錯立身》四【紫蘇丸】：「孩兒一個幹家門，算來總算前生定。」例義同。

剛

剛，猶雖，猶只，猶偏，猶硬，猶恰，猶正，有時兼含二意以上。

（一）

《黑旋風》楔：「〔淨扮白衙內上，詩云：〕五臟六腑剛是俏，四肢八節卻無才。」

《東堂老》一：「〔揚州奴上，詩云：〕四肢八脈剛帶俏，五臟六腑卻無才。」

《貨郎旦》一：「〔淨扮魏邦彥上，詩云：〕四肢八節剛是俏，五臟六腑卻無才。」

剛與「卻」字相應，意猶雖，用在上下呼應句中，表示把意思推開一層。

（二）

《望江亭》一【元和令】：「則您那素齋食剛一餐，怎知我籬米飯也曾慣。」

《單鞭奪槊》四【四門子】：「剛淹裏藏，休浪裏潛，馬兒上前合後偃。」

《殺狗勸夫》三：「〔詩云：〕何事急來奔，更深親扣門？別件都依得，剛除背死人。」

《貨郎旦》一【鵲踏枝】：「那其間便是你鄭孔目風流結果，只落得酷寒亭，剛留下一箇蕭娥。」

《碧桃花》一、白：「眾花都已零落，剛那海棠軒側畔土堆兒上，一樹碧桃正開。」

《詞林摘艷》卷五劉庭信散套【夜行船‧青樓詠妓】：「腰瘦剛爭不姓沈，被閑愁惱至如今。」

以上爲僅詞，猶只，唐‧溫庭筠《題西平王舊賜屏風》詩：「世間剛有東流水，一送恩波便不回」，是也。清‧劉淇《助字辨略》卷二載皮襲美詩：「終然合委頓，剛亦慕寥廓」，意亦同。

（三）

《生金閣》一【混江龍】：「我這剛移足趾，強整身軀，滑七擦爭些跌倒。」

《伍員吹簫》三【滿庭芳】：「枉教你頂天立地，空教你帶眼安眉，剛一味，胡支對。」

《㑳梅香》二【雁過南樓】：「忙哀告，膝跪著，強扎掙，剛陪笑。」

《梧桐葉》二【倘秀才】：「風呵！你略停止呼號怒，容咱告覆，暫定息那顛狂性，聰咱囑付，休信他剛道雌雄楚宋玉。」

《太平樂府》卷六曾瑞卿散套【蝶戀花‧閨怨】：「舊衣服陡恁寬，好茶飯減多半，添鹽添醋人攛斷，剛捱了少半椀。」

又同書卷九杜善夫散套【耍孩兒‧莊家不識構闌】：「剛捱剛忍更待看些兒箇，枉被這驢頹笑殺我。」

剛，猶偏，猶硬。隋煬帝《夜飲朝眠曲》：「憶睡時，待來剛不來。」白居易《惜花》：「可憐夭艷正當時，剛被狂風一夜吹。」皮日休《奉酬魯望醉中戲贈》：「剛戀水雲歸不得，前身應是太湖公。」蘇軾【水調歌頭】：「堪笑蘭臺公子，未解莊生天籟，剛道有雌雄。」《董西廂》卷四【仙呂調·繡帶兒】：「據恰纔的做作，心腸料必如土木，剛誇貞烈，把人恥辱。」《長生殿·哭像》：「想當時聯鑣遊賞，怎到頭來剛做了恁般隨倡。」以上皆其意也。

按《伍員吹簫》例，「剛」亦兼含「只」意，「剛一味，胡支對」，亦猶「只一味，胡支對」也。在所引證的資料中，亦多兼含二意，如皮日休詩中的「剛」，也可解作「只」，其餘均按「硬」字解，亦無不通。更有兼含偏、硬、只三意者，如宋·陳允平《雪》詩：「可笑世人剛道冷，不知片片是陽春。」

（四）

《魯齋郎》一【後庭花】：「他弓開時似月圓，彈發處又不偏，剛落在我面前。」

《詞林摘艷》卷一張鳴陰小令【水仙子·富樂】：「孟郊寒，賈島瘦，相如病，剛滴留得老性命，偏今番夢難成。

剛，猶恰，猶正。例一「剛落在」，恰落在或正落在也。例二「剛滴留得老性命」，謂正擔心老命也。

剛剛

乾乾（gān gān）

剛剛：一用為僅辭，猶「只」；二謂痛快淋漓；三謂緩慢。

（一）

《竇娥冤》四【川撥棹】白：「小的一向逃在涿州地方，賣些老鼠藥，剛剛是老鼠被藥殺了好幾個，藥死人的藥，其實再也不曾合。」

又同劇一【賺煞】白：「剛剛扯的一把，也不消這等使性，平空地推了我一交。」

《對玉梳》一【後庭花】：「急收拾沒了半文，剛剛的剩紙路引。」

以上義為僅辭，僅僅、只。作此解者，也單作剛、參見「剛」字條。

（二）

元刊本《拜月亭》四【步步嬌】：「把這盞許親酒又不敢慢俄延，則索扭回頭半口兒家剛剛的嗹。」

《蝴蝶夢》三【笑和尚】：「石和尚好共歹一口口剛剛咽。」

《哭存孝》一【油葫蘆】：「阿媽那錦袍上全不顧酒淋漓，可正是他不擇不揀乾乾的吃，他那裏剛扶剛策醺醺的醉。」

脈望館鈔校本《任風子》一【混江龍】：「他每都一盞盞接入手乾乾的嗹。」

以上「剛剛」各例，謂痛快淋漓。「剛剛的嗹」，即痛飲之意。一作乾乾，一音之轉，義同。今筵席間尚有乾杯的話，可證。王瑛解爲「硬硬」（見《詩詞曲語辭例釋》），欠妥。

（三）

《竹塢聽琴》二【中呂粉蝶兒】：「不免的喚道姑，添淨水，我剛剛的把聖賢來參罷。若不是會首人家，幾番將這道袍脫下。」

《博望燒屯》二【紅芍藥】：「整整的一百箇軍卒，他每都東歪西倒自長吁，他剛剛的整理的他那身軀。」

《硃砂擔》二【隔尾】：「一領布衫我與你剛剛的扣，八答麻鞋款款的兜。」

以上「剛剛」各例，意爲緩慢。例三，「剛剛」與「款款」互文，意益明顯。

此外，又作可可、恰恰講，與現在口語中用法相同，如《西廂記》一本一折【後庭花】：「剛剛的打箇照面，風魔了張解元。」又作勉強講，如《風光好》一【天下樂】：「常教他一縷兒頑涎濕不乾，丁單，將科派攤，剛剛的對付難上難。」

羔雁

《西廂記》五本三折【越調鬪鵪鶉】：「又不曾執羔雁邀媒，獻幣問肯。」

《蕭淑蘭》四【黃鍾醉花陰】：「謝兄嫂得團圝，陪羔鴈花紅，下正禮三千貫。

羔雁，小羊和雁，古時卿大夫用做相見時的禮品。《儀禮‧士相見禮》：「下大夫相見以鴈，上大夫相見以羔。」《禮‧曲禮上》：「執禽者在首，飾羔鴈者以繢。」疏：「羔，小羊，取其群而不失類也。鴈，取其候時而行也。」《曲禮下》：「凡贄，天子鬯，諸侯圭，卿羔，大夫雁。」漢‧班固《白虎通義‧文質》：「卿大夫贄，古以麑鹿，今以羔鴈。」亦泛稱禮聘之物，如《後漢書‧陳紀傳》：「紀弟諶，與紀齊德同行，每宰府辟召，常同時旌命，羔雁成群。」唐‧白居易《薦韋楚狀》：「降羔雁之禮命，助鴛鷺之羽儀。」後專指婚禮，如：晉‧傅玄《豔歌行‧有女篇》：「媒氏陳束帛，羔雁鳴前堂。」宋‧張實《流紅記》：「泳令人通媒妁，助祐通羔雁，盡六禮之數，交二性之歡」，是也。上舉元曲之例，亦均指婚禮。

藁薦（gāo jiàn）

《裴度還帶》三、白：「我這身子有些困倦，我權且歇息咱，將這玉帶放在這藁薦下，貼牆兒放著。」

《合汗衫》三【醉春風】：「佛囉，但得那半片兒羊皮，一頭兒藁薦，哎！婆婆唻，我便是得生他天界。」

藁薦，謂草蓆、草墊子。章太炎《新方言‧釋器》：「《說文》：薦，薦席也，藁，稈也。通語稾秸之席曰草薦，揚州謂之稾薦。」稾薦，即藁薦也。《水滸》第二十八回：「著藁薦捲了你。」明‧無名氏雜劇《南牢記》一【混江龍】：「藁薦揉的粉碎。」到現在，各地還是用這個名稱。

扢扢（gē gē）

《硃砂擔》一【後庭花】：「好教我便扢扢的牙關閣，覺一陣滲滲的身上冷。」

扢扢，狀牙齒之聲。猶格格、戛戛。初刻《拍案驚奇：西山觀設籙度亡魂，開封府備棺追活命》又作「趷趷」，如云：「噤了一噤，把牙齒咬得趷趷的響」，是也。

扢搭地

圪塔的　趷塔的　乞答的　吃答的

《單刀會》一【金盞兒】：「那漢酒中劣性顯英豪，圪塔的揪住寶帶，沒揣的舉起鋼刀。」

《西廂記》二本三折【得勝令】：「急攘攘因何，扢搭地把雙眉鎖納合。」

《豫讓吞炭》四【堯民歌】：「嗨！不想乞答的頓開金鎖走蛟龍。」

《太平樂府》卷五鍾繼先小令【罵玉郎帶感皇恩採茶歌·恨別】：「吃答地鎖定愁眉。」

《詞林摘艷》卷九無名氏散套【醉花陰·行色匆匆易傷感】：「祆廟鎖趷塔的對岩，藍橋下忽剌剌的水淨。」

扢搭地，形容動作很快，猶言一下子。或作圪塔的、趷塔的、乞答的、吃答地，音近義並同。《水滸》作「肐膌地」，如第二十三回：「武松將半截棒丟在一邊，兩隻手就勢把大蟲頂花皮肐膌地揪住，一按按將下來。」又如第三十七回：「李逵又拿起頭錢，叫『快！』肐膌地又博個叉。」又如第六十五回：「被張順肐膌地揪住。」明·無名氏雜劇《午時牌》又作「扢搭的」，如第四折云：「我扢搭的摺住征袍。」皆其例。

扢扎幫

扢搭幫　割扎邦　各扎邦　古堆邦

《西廂記》三本二折【煞尾】白：「小生是猜詩謎的社家，風流隋何，浪子陸賈，到那裏扢扎幫便倒地。」

《曲江池》二【黃鍾煞】白：「走到衙門前，古堆邦坐的有人問：媽媽你為甚麼來，送了這孤寒的老身？」

《秋胡戲妻》二、白：「待他到我家中，扢搭幫放番他，就做營生，何等有趣！」

《紅梨花》一【賺煞】白：「果然若來時，和他吃幾杯兒酒，添些春興，扢搭幫放翻他，小娘子，只怕你苦哩！」

《東堂老》一【么篇】白：「止有這一所宅子還賣的五六百錠；等我賣了做本錢，您孩兒各扎邦便覓個合子錢兒。」

《詞林摘艷》卷一蘭楚芳小令【折桂令·相思】：「割扎邦對上菱花，磕撻撲鎖住雕鞍。」

扢扎幫，本爲狀聲詞，形容重物快速跌落之聲，借喻動作乾脆、迅速。或作扢搭幫、割扎邦、各扎邦、古堆邦，音近義並同。

屹剌剌（gē là là）

扢剌剌　各剌剌　磕剌剌　合剌剌　哈剌剌

《梧桐雨》二【古鮑老】：「屹剌剌撒開紫檀，黃翻綽向前手抪板。」

《生金閣》三【黃鍾尾】白：「你聽那房上的瓦，各剌剌各剌剌，牆上的土，速碌碌速碌碌。」

《范張雞黍》三【柳葉兒】：「我與你扢剌剌直拽到墳頭。」

《倩女離魂》一【柳葉兒】：「我各剌剌坐車兒嬾過溪橋。」

《金錢記》一【那吒令】：「俺則見香車載楚娃，各剌剌雕輪碾落花。」

《硃砂擔》一【醉扶歸】：「合剌剌轆轤響。」

《詞林摘艷》卷三白仁甫【粉蝶兒·天淡雲閑】：「磕剌剌撒開紫檀，見黃番綽向前手抪板。」

又同書卷七宮大用【集賢賓·二十年死生交同志友】：「我與你哈剌剌直拽到墳頭。」

屹剌剌，或作扢剌剌、各剌剌、磕剌剌、合剌剌、哈剌剌，擬聲詞，狀檀板聲、瓦動聲、車行聲，等等。

或作趷辣辣，如宋元戲文《崔君瑞江天暮雪》：「趷辣辣車兒兀自輾粉轍」，此亦狀車聲也。或作豁剌剌，如明·楊愼《洞天玄記》四【川撥棹】：「只見豁剌剌山頭門開」，此狀開門聲也。話本小說《石點頭·侯官縣烈女殲仇》：「只聽耳根邊豁剌剌一聲響，分明似裂帛之聲」，此狀裂帛聲也。

按屹、扢、各、磕、合、哈、趷、豁，同音或音近，蓋狀聲無定字。

屹蹬蹬（gē dèng dèng）

趷登登　趷蹬蹬　圪登登　忔登登　吉登登　吉蹬蹬

《陳母教子》三【普天樂】：「屹蹬蹬的馬兒騎，急颭颭的三簷傘低。」

《虎頭牌》三【離亭宴煞】：「則你那疋馬屹蹬蹬的踐路途。」

《麗春堂》一【賺煞】：「跎登登催著玉驄，笑吟吟袖窩著絲鞚。」

《死葬鴛鴦塚》【四門子】：「跎蹬蹬紅塵駿馬兒站。」（《詞林摘艷》卷九收此曲，作「圪登登」。）

《陽春白雪》後集三無名氏散套【端正好・滾繡毬】：「斷送行人的是忔登登鞭羸馬行色淒然。」

《太平樂府》卷三無名氏小令【一錠銀帶大德樂・詠時貴】：「吉登登金鞍玉勒馬，寶蹬斜踏。」

《元人小令集》失名《失題》七之一：「吉蹬蹬馬蹄兒踏遍紅塵道。」

屹蹬蹬，或作跎登登、跎蹬蹬、圪登登、忔登登、吉登登、吉蹬蹬，音近義並同，形容馬跑時蹄子著地時的聲音。《董西廂》卷六【仙呂調・尾】：「騎著瘦馬兒圪登登的又上長安道。」明・無名氏雜劇《紫泥宣》三【金蕉葉】：「不由我嗔忿忿追尋意久，催我這跎蹬蹬銀騌快走。」義並同。

有時亦用以形容牙鬬聲，如《醒世恒言・吳衙內鄰舟赴約》：「上下牙齒，頃刻就跎蹬蹬的亂打」，是也。

疙蹅蹅（gē chǎ chǎ）

扢搽搽　可擦擦

《燕青博魚》一【鴈過南樓】：「我能舞劍，偏不能疙蹅蹅敲象板。」

《馬陵道》三【離亭宴帶鴛鴦煞】：「我將他活剝了血瀝瀝的皮，生敲了支剌剌的腦，細剐了疙蹅蹅的髓。」

《氣英布》四【古水仙子】：「扢掙掙斧迎鎗幾番煙燄舉，可擦擦鎗迎斧萬道霞光出。」

《詞林摘艷》卷九無名氏散套【醉花陰・楚漢爭鋒競寰宇】：「足律律斧近鎗數番煙焰舉，扢搽搽鎗和斧萬道霞光出。」

疙蹅蹅，狀聲詞；或作扢搽搽、可擦擦，音近義並同。明・祁元孺雜劇《錯轉輪》一【煞尾】作「忔察察」，如云：「忔察察靈祇雷聲吼」，是也。

閣不住

《黑旋風》三【七弟兄】：「閣不住兩眼恓惶淚，俺哥哥含冤負屈有
誰知？」

《救孝子》四、白：「重囚每兩眼淚滴在枷鎖上，閣不住落於地上。」

《馬陵道》三【雙調新水令】：「自知毛羽短，怎敢撲天飛，我則索
做啞粧癡，幾回家閣不住眼中淚。」

《詞林摘艷》卷七高栻散套【集賢賓・怨別】：「閣不住雙眸淚垂。」

閣不住，不能久置、久停，很快就落下之意。閣，通作「擱」，讀陰平。
《紅樓夢》第四十六回：「老太太雖不依，擱不住他願意。」這個「擱不住」，
是駕不住、擋不了的意思。此語現在仍流行，如小桔《打城隍》：「不嫁也擱
不住那些潑皮混賬」，是也。

哥哥

哥哥，稱謂之詞。清・趙翼《陔餘叢考》：「哥字，《廣韻》云：『今呼爲
兄。』《韻會》亦云：『今人以配姊字爲兄弟之稱，是哥之爲兄，其來久矣。』」
現在仍爲兄之通稱。元曲中，除同於現在的一般稱呼外，有時亦以之稱「父」
或「子」及其它者，有時亦用作語尾助詞，茲例釋如下。

（一）

《牆頭馬上》三【幺篇】：「你哥哥這其間未是他來時節，怎抵死的
要去接？」

又同劇三【豆葉兒】：「接不著你哥哥，正撞見你爺爺。」

以上即稱父爲哥哥之例。但此稱呼，不始自元，唐已有之，如：淳化閣
帖有唐太宗與高宗書，稱「哥哥勅」；《舊唐書・王琚傳》：「玄宗泣曰：『四哥
仁孝，同氣惟有太平。』」四哥，謂睿宗也；又玄宗子《棣王琰傳》：「惟三哥
辨其無罪。」三哥，謂玄宗也。

（二）

《伊尹耕莘》一、白：「我將這小的放在這空桑裏面，妾身回家去。
哥哥也，你活也自活，死也自死。」

此例即母親對兒子的稱呼。

（三）

《盛世新聲》戌集小令【普天樂】：「暖烘烘熱被窩，沉點點精銀顆；又道孩兒是陪錢貨，恨不的把黃金砌就鳴珂。姐姐每鑽冰取水，婆婆每指山賣磨，哥哥每擔雪填河。」

同書亥集小令【折桂令】：「可人心二人嬌娥，有一箇板障婆婆，又遇著好色哥哥。」

以上二例，哥哥，是妓女對嫖客的稱呼。

按古時稱哥，除上舉者外，尚有：《漢武故事》：「西王母授武帝《五嶽眞形圖》，帝拜受，王母命侍者四非答哥哥」，此以之稱帝王也；《警世通言‧萬秀娘仇報山亭兒》：「殺了我哥哥，又殺了當直周吉」，此妻之稱夫也。

（四）

《詞林摘艷》卷一張鳴善小令【普天樂‧詠世】：「一番番遇他，一聲聲勸我，一步步行不動也哥哥。」

《樂府群珠》卷一曾瑞卿小令【山坡羊過青歌兒‧過分水關】：「無甚親戚，誰肯扶持？行不動哥哥！鷓鴣啼，人心碎。」

以上「哥哥」，用爲語尾助詞。元‧陶宗儀《輟耕錄》卷五「鄧中齋」條：「鄧光薦先生剡，號中齋，廬陵人。宋亡，以義行。著其所賦《鷓鴣》詩曰：『行不得也哥哥！瘦妻弱子嬴牸馱，天長地闊多網羅，南音漸少北音多，肉飛不起可奈何？行不得也哥哥！』其意可見矣。」「行不得也哥哥」，今吳語猶然。

割捨

割捨得　割捨的　割捨了　割遣

割捨，一作割遣，其意有三：一謂捨棄；二謂豁出來；三謂花費。二、三意乃第一義之引申。

（一）

《竇娥冤》一【賺煞】白：「我救了你老性命死裏重生，怎割捨得不肯把肉身陪待？」

脈望館鈔校本《哭存孝》三【耍孩兒】：「委實的難割捨，將存孝五車爭壞，霎時間七段八節。」

《牆頭馬上》二【黃鍾尾】白：「母親年高，怎生割捨？」

《玉壺春》楔、白：「既賢弟堅心，有難割遣。」

割捨，亦作割捨得，謂捨棄。漢‧劉安《淮南子‧說山訓》：「割而舍之，鏌邪（劍）不斷肉。」元‧陳繹曾《詩譜》：「陸士衡才思有餘，但書太多為礙，能痛心割捨，乃為佳耳。」唐代敦煌變文《妙法蓮華經變文》：「富貴兮因何割捨？」宋‧趙令時《侯鯖錄》：「兩耳堪作底用，割捨不得。」《董西廂》卷三【雙調‧月上海棠】：「多情彼此難割捨，都緣只是自家孽。」宋元戲文《王祥臥冰》【仙呂雙調過曲】：「你割舍把孩兒，推車在險路上行。」明‧阮大鋮《燕子箋‧誤認》：「教我如何割捨？」

割捨，或倒作捨割，如敦煌變文《八相成道變文》：「捨割世間恩愛，唯求佛界菩提」，是也。

割遣，意同割捨。

（二）

《救風塵》二【雙鴈兒】：「我著這粉臉兒搭救你女骷髏，割捨的一不作二不休，拚了個由他咒也波咒。」

《蝴蝶夢》二【黃鍾尾】：「割捨了，待潑做。」

《忍字記》四【么篇】：「割捨了我打會官司，唱叫揚疾，便待如何。」

《薛仁貴》二【後庭花】：「割捨了一不做二不該，我打這廝千自由百自在。」

《貶夜郎》一【么】：「割捨了金鑾殿上，微臣待醉一場。」

《敬德不伏老》一【天下樂】：「我割捨得發一會兒村，使一會兒狠。」

《殺狗勸夫》三【感皇恩】：「割捨的揎胳膊，拽衫袖，到公庭。」

以上諸例，謂拚、豁出去，即不計一切代價而代諸行動也。割捨的、割捨了，意並同。

（三）

《桃花女》楔、白：「我如今不免尋彭大公去，割捨幾文錢，算其一卦，看我孩兒幾時回家，可不好也？」

上舉「割捨」，謂花費；即捨棄、豁出之引申。

歌者

《救風塵》一、白：「這汴梁城中，有一歌者，乃是宋引章。」

《生金閣》四【太平令】白：「筵前無樂，不成歡樂。妻青，與我喚將箇歌者來！」

《曲江池》一、白：「這歌者是劉桃花，與我作伴。」

《對玉梳》一、白：「此間有個歌者顧玉香，我有心與他作伴。」

歌者，謂歌妓、妓女。

格 (gé) 支支

各支支　革支支　扢支支　扢掙掙　忔支支　紇支支

《黑旋風》二【賺煞尾】：「我把那廝脊梁骨，各支支生搣做兩三截。」

《救孝子》二【煞尾】：「籭滾滾的黃桑杖腿筋，硬邦邦的竹簽著指痕，紇支支的麻繩箍腦門。」

《氣英布》四【古水仙子】：「扢掙掙斧迎鎗幾番煙燄舉，可擦擦鎗迎斧萬道霞光出。」

《敬德不伏老》三【幺篇】：「我便革支支掙得你分（粉）碎，一會兒教你死。」

《飛刀對箭》二【四邊靜】：「我格支支搣折了那廝腰脊骨。」

《詞林摘艷》卷二散套【雙調步步嬌·暗想當年】：「忔支支把同心帶扯。」

又同書卷九無名氏散套【醉花陰·日永簾櫳篆煙靄】：「猛可里扢支支小角門開。」

上列諸例，為狀聲詞，狀搣折、掙扯、開門、箍腦門、兵器撞擊等聲響。按各、格、革、扢、忔、紇俱同音；支、掙為一音之轉。

各別 (gě bié)

《伍員吹簫》三【鬪鵪鶉】白：「我不是你這裏人，不知此處的鄉風，與俺那裏全然各別。」

《金錢記》三【石榴花】白：「此酒香味各別。」

《來生債》一【鵲踏枝】白：「難道居士另是一付肚腸，與世人各別的？」

各別，不相同、有分別之意。各，一讀去聲。

各白世人

各白的人

《老生兒》二【幺篇】白：「各白世人，尚然散與他錢，我是他一個親姪兒，我若到那裏，怎麼不與我些錢鈔？」

又同劇四【鴈兒落】：「原來這親的則是親，我當初恨呵須當恨。那女夫便是各白的人，那女兒也該把俺劉家認。」

《東堂老》楔、白：「這隔壁東堂老叔叔，他和我是各白世人。」

《合同文字》四【得勝令】白：「他是各白世人，你不認他罷了，卻拏著甚些器仗打破他頭，做了破傷風身死。」

各白世人，即各不相涉、毫無關係的人。白，是「別」字的借音，「各白」即「各別」也。北人呼「別」爲「白」，如呼「別動」爲「白動」。

各白世人，或作「各白的人」，意同。

個（箇）

個，用作語尾助詞或指示詞。

（一）

《玉鏡臺》一【天下樂】：「當日個誰家得鳳凰，翺也波翔，在那天子堂。」

又同劇一【賺煞尾】：「我這裏下得堦基，無箇頓放。」

《西廂記》二本二折【醉春風】：「今日箇東閣玳筵開。」

《莊周夢》一、白：「世人多慮我無憂，一片身心得自由，散誕清閑無箇事，臥吹鳳管月明秋。」

《合同文字》二【倘秀才】白：「哎！似這等走，幾時得到？你也行動些箇！」

《陳州糶米》四【太平令】：「從來個人命事關連天大。」

上舉諸例，均用爲語助詞，無義。隋煬帝《贈張麗華》詩：「坐來生百媚，實箇好相知。」韓愈《盆池》詩：「老翁眞箇似兒童。」姚合《遊春》詩：「好箇林間鵲。」李煜【一斛珠】詞：「曉粧初過，沈檀輕注些兒箇。」黃庭堅【沁園春】詞：「怎生禁得，眞箇分離！」辛棄疾【小重山】詞：「略開些箇未多時，窗兒外，卻早被人知。」《董西廂》卷三【高平調‧木蘭花】：「侵晨等到合昏箇，不曾湯箇水米，便不饑損卑末？」戲文《張協狀元》：「神道不喫肥個。」又云：「肥個我不嫌，精個我最忺。」清‧蔣士銓《四絃秋》三【五般宜】：「當日箇，試花驄，伴君冶游；今日箇，擎玉盞，勸君歇留。」直到現在，個（箇）字在口語中仍然應用，如云「今日個」、「明日個」，是也。

又「個」字用在時間副詞詞尾的，相當於「家」或「價」，如「今日個」，猶「今日家（價）」；「從來個」，猶「從來家（價）」，等等，是也。家、價均讀開口呼，音如 ge，與「個」字音同，故常通用。

（二）

《西遊記》六本二十一齣【仙呂點絳唇】：「我是箇物外閒身，箇中方寸，傳心印；與佛子爲隣，但過往的來參問。」

《劉行首》四【雙調新水令】：「淡飯黃虀，纏得個中味。」

《陽春白雪》後集三呂侍中散套【正宮‧六幺令】：「綸竿收罷，輕拋香餌，個中消息有誰知？」

《樂府群珠》卷三喬夢符小令【折桂令】：「此際相逢蕋娘，箇中誰是周郎？」

個（箇），這裏用作指示詞，猶「這」或「那」。其語源，張相所舉出隋煬帝《嘲羅羅》詩：「箇儂無賴是橫波。」其實比這還要早。南北朝人庾信《鏡賦》：「眞成箇鏡特相宜」，是也。劉淇在《助字辨略》中引此文注曰：「箇，方言此也。」李白《秋浦歌》：「白髮三千丈，緣愁似箇長。」王維《同比部楊員外十五夜遊有懷靜者季》詩：「香車寶馬共喧闐，箇裏多情俠少年。」朱敦儒【朝中措】詞：「箇是一場春夢，長江不住東流。」以上所引「箇」字，都是「此」的意思。

個（箇）中人

個（箇）中人，元曲中多指妓女；或謂此中人、局內人。

（一）

《灰闌記》二【逍遙樂】：「〔搽旦云：〕這個叫做張海棠，是員外娶的個不中人。〔祗從喝科，云：〕嗯！敢是個中人。〔搽旦云：〕正是個中人。」

《還牢末》一、白：「他原是個中人，我替他禮案上除了名字，棄賤從良。」

《揚州夢》三【隔尾】白：「此女原是個中之人，先與豫章太守張尚之爲侍兒，後來牛太守往豫章經過，取討爲義女，善能吹彈歌舞，此女就是張好好。」

《兩世姻緣》一、白：「老身許氏，夫主姓韓，是這洛陽城箇中人家，不幸夫主早亡，止有一個親生女兒，小字玉簫，做個上廳行首。」

《盆兒鬼》一【金盞兒】白：「我撇枝秀元不是良家，是個中人，如今嫁這盆罐趙，做了渾家。」

以上「個中人」，均指妓女。個中，謂行院。

（二）

《貶夜郎》一、白：「小生姓李名白，字太白，曾夢跨白鶴上昇，吾非箇中人也。」

箇中人，猶此中人、局內人，指曾經親歷其境或深知其中道理的人。蘇軾《李頎秀才善畫山以兩軸見寄仍有詩次韻答之》詩云：「平生自是箇中人，欲向漁舟便寫眞。」清・蒲松齡《聊齋志異・武技》：「既是憨師弟子，同是個中人。」皆其例也。

可參看「個（箇）」字條（二）。

根究

《瀟湘雨》一【仙呂點絳唇】：「舉目生愁，父親別後難根究。」

根究，謂尋根究底、徹底追查也。《福惠全書・刑名部・人命下・驗各種死傷》：「只可暗存于心，不便根究。」元・宋旡詩：「根究嬰兒後，參同混沌初。」

根底

跟底

《調風月》二【朱履曲】：「莫不在我根底，打聽得些閒是非。」

《玉鏡臺》三【迎仙客】：「和他守何親，等甚喜？一發的走到跟底，大家吃一會沒滋味。」

《三奪槊》一、白：「咱兩個欲待篡位，爭奈秦王根底有尉遲，無人可敵。」

《凍蘇秦》二【笑歌賞】：「我、我、我、突磨到多半晌，走到他跟底。」

《爭報恩》四【側磚兒】：「我這裏急慌忙那身起，大走到向他根底。」

根底，謂面前、近旁，猶「根前」。宋·柳永【爪茉莉】詞：「料我兒只在枕頭根底，等人睡，來夢裏。」《劉知遠諸宮調》十一【仙呂調·繡帶兒】：「他心疑忌，喚到根底。」《董西廂》卷四【雙調·芰荷香】：「火急開門月下覷，見鶯鶯獨自，明月窗前，走來根底，抱定款惜輕憐。」《三國志平話》卷上：「去於後槽根底，見親隨二人，便問，不肯實說。」《七國春秋平話》卷中：「不如您送太子去即墨、莒城二公子根底去。」《清平山堂話本·洛陽三怪記》：「小員外根底立著王春春。」皆其例也。

根，一作跟，同音假借。白居易《代州民問》詩：「龍昌寺底開山路，巴子臺前種柳林。」「底」、「前」二字互文為意，故根底猶云根前也。

根腳

跟腳

根腳，一作跟腳，其義有三：一、即「根」，此為本義；二、指家世、成分、出身、資歷等；三、指枝葉，即宗派。二、三兩義是第一義的引申。

（一）

《詞林摘艷》卷八無名氏散套【一枝花·八位中紫綬臣】：「御園中桃李鬭爭開，另巍巍將根腳兒牢栽。」

根腳，即「根」，是跟腳的本義。唐·李咸用《小松歌》：「庭開土瘦根腳獰，風搖雨拂精神醒」，也是用的本義。宋·朱熹《朱子全書·學》：「且須立箇底根腳，卻正好著細處工夫。」「立箇底根腳」，為打基礎之意，是上義的引申。

（二）

《青衫淚》一【天下樂】：「輪到我跟腳裏，都世襲了煙月牌。」

《西廂記》五本三折、白：「偏我不如他？我『仁者能仁，身裏出身』的根腳，又是親上做親，況兼他父命。」

《王粲登樓》二【倘秀才】白：「我盤盤他的跟腳，把文溜他一溜。」

《太平樂府》卷二張小山小令【水仙子·掃興】：「淡文章不到紫薇郎，小根腳難登白玉堂。」

又同書卷九睢景臣散套【哨遍·高祖還鄉】：「你須身姓劉，您妻須姓呂，把你兩家兒根腳從頭數。」

《陽春白雪》後集三劉時中散套【端正好·上高監司二】：「都結義過如手足，但聚會分張耳目。探聽司縣何人可共處，那問他無根腳，只要肯出頭顱，扛扶著便補。」

根腳，指家世、成分、出身、資歷、底細等。《元典章·吏部五》：「本官根腳，原係是何出身？」注云：「謂承襲、承繼、廕敘、吏員、儒業、軍官等。」同書《吏部三》：「……哈剌帖木兒根腳，係屬俺的廣平路的人，後頭江陵府按察司裏做奏差，年月滿了他。」又同書《刑部十一》：「賊人張不花狀伏，年二十五歲，根腳：女直人氏。」據此，知根腳除上述含意外，還包括籍貫和民族。參看「腳色」條。

又「根腳」之「根」，一作「跟」，同音借用。

（三）

《拜月亭》三【呆骨朵】：「這般者，俺父母多宗派，您昆仲無枝葉。從今後休從俺爺娘家根腳排，只做俺兒夫家親眷者。」

曲文列舉宗派、枝葉、根腳，其意一也。明·施君美《幽閨記》三十二：「妹子，和你比先前又親，自今越更著疼熱，你休隨著我跟腳，久已後是我男兒那枝葉。」兩文對照，則根腳即枝葉或宗派之意益明。

跟尋

《牆頭馬上》四【醉春風】白：「我且換了衣服，跟尋我那李千金小姐去。」

《曲江池》三【醉春風】：「你去那出殯處跟尋，起喪處訪問，下棺處打聽。」

《瀟湘雨》一、白：「待到了江州，再遣人慢慢跟尋，又作道理。」

《貨郎旦》三、白：「我死後，你去催趲窩脫銀，就跟尋你那父親去咱！」

跟尋，訪問、打聽、尋找的意思。敦煌變文《降魔變文》：「妄說地獄天堂，根尋無人的見。」宋・吳自牧《夢粱錄》卷十九「僱覓人力」條：「如有逃閃，將帶東西，有元地腳保識人前去跟尋。」《水滸》第二十二回：「可以勾追到官，責限比捕，跟尋宋江到官理問。」按跟尋、根尋，音義同。

艮（gěn）

《來生債》一【幺篇】：「〔磨博士云：〕則說銀子，我可不曾見。爹！要他做甚麼？〔正末云：〕他也中吃也中穿。〔磨博士做咬銀子科，云：〕中穿中吃，阿喲！艮了牙也。」

牙齒被硬物所格，謂之「艮」；艮者，止的意思；「梗」字的通假。

更做

更做道　更做到　更則道

更做，或作更做道、更做到、更則道，有即使、兼之二義。

（一）

《董西廂》卷四・【雙調・攬箏琶】：「明日告州衙，教賢分別。官人每更做擔饒你，須監守得你幾夜。」

《蝴蝶夢》一【那吒令】：「更做道見職官，俺是個窮儒士，也索稱詞。」

《救風塵》三【幺篇】：「更做道你眼鈍，那唱詞話的有兩句留文：『咱也曾武陵溪畔曾相識，今日佯推不認人。』我爲你斷夢勞魂。」

《牆頭馬上》三【川撥棹】：「更做道向人處無過背說，是和非須辯別。」

《秋胡戲妻》二【倘秀才】：「更則道你莊家每葫蘆提沒見識。我既爲了張郎婦，又著我做李郎妻，那裏取這般道理？」

《雲窗夢》三【耍孩兒】：「別離人更做到心腸硬，怎禁蒼梧落葉凋金井，銀燭秋光冷畫屏。」

以上各例，用在上分句，意爲即使、縱然，表示把意思推開一層，然後再回到自己肯定的觀點，以示態度堅決。可參閱「便做」條。

（二）

《蝴蝶夢》二【紅芍藥】：「三個兒都教死去，你都官官相爲倚親屬，更做道國戚皇族。」

《救風塵》三【幺篇】：「你則是忒現新，忒忘昏，更做道你眼鈍。」

《張天師》二【感皇恩】：「怪不著你正是遙授夫妻，你可甚步步相隨？更做道秀才每忒上緊，忒著迷。」

《月下老定世間配偶》【賺煞】：「常則是被流鶯喚起，更做到殗紅粧不睡，這的是惜花愛月夜眠遲。」

以上各例，用在下分句，意爲兼之、加上。

更壓著

《岳陽樓》一【仙呂點絳唇】：「這墨光，照文房，取煙在太華頂上仙人掌；更壓著五李三張，入硯松風響。」

又同劇一【油葫蘆】：「寫道是岳陽樓形勝偏雄壯，更壓著你洞庭春好酒新炊盪。」

《貶夜郎》二【四煞】：「那酒更壓著救旱恩霖，洗沁甘露，止渴青梅，灌頂醍醐。」

《揚州夢》二【滾繡毬】：「這酒更壓著琉璃鍾、琥珀釀。」

更壓著，更賽過之意。按：凌駕其上謂之壓，韓愈《晉公破賊回重拜台司以詩示幕中賓客愈奉和》詩：「將軍舊壓三司貴」，是也。

更打著

更合著　更和著　更加著　更夾著

《梧桐雨》四【呆骨朵】：「則俺這孤辰限難熬，更打著離恨天最高。」

《青衫淚》二【四煞】：「怎想他能捱磨扇似風車轉，更合著夢見槐花要黃襖兒穿。」

《麗春堂》一【賞花時】：「萬草千花御苑東，籔翠偎紅彩繡中，滿地綠茸茸；更打著軍兵簇擁，可兀的似錦衚衕。」

《救孝子》三【中呂粉蝶兒】：「早是俺活計消疎，更打著這非錢兒不行的時務。」

《秋胡戲妻》二【呆骨朵】：「早則俺那婆娘家無依倚，更合著這子母每無笆壁。」

《合汗衫》二【小桃紅】：「你爹娘年紀多高大，怎不想承歡膝下，劃的去問天買卦？嗏聲，更和著箇媳婦兒不賢達。」

《灰闌記》四【鴈兒落】：「早則是公堂上有對頭，更夾著這祗候人無巴壁。」

《盆兒鬼》二【滿庭芳】：「你本是個會做作狠心大哥，更加著個會攛掇毒害虔婆。」

更打著，或作更合著、更和著、更加著、更夾著，都是「更加上」或「更碰著」、「更遇到」的意思。明·無名氏雜劇《單刀劈四寇》作「又答著」，如云：「他父子二人不和，又答著李肅那箇匹夫，他將太師賺將去，雲臺門下了當了，又殺了郿塢城家小。」「更」在這裏，意同「又」，用作副詞，表示程度上又深一層或數量上又進一步增減。此語現在仍通行。

更那堪

那堪更

《董西廂》卷一【雙調·攪箏琶】：「不惟道生得箇龐兒美，那堪更小字兒得愜人意。」

《麗春堂》四【金字經】：「早是人寂寞，更那堪更漏長！」

《玉壺春》一【六幺序】：「他生的身軀嫋娜眞堪羨，更那堪眉彎新月、步蹵金蓮！」

《張天師》一【混江龍】：「這其間風弄竹聲穿戶牖，更那堪月移花影上簾櫳！」

《雍熙樂府》卷八元·班維志散套【一枝花·秋夜聞箏】：「早則是字樣分明，更那堪音律關情。」

《詞林摘艷》卷三無名氏散套【哨遍‧鷹犬從來無價】：「早是特超群，更那堪養手熟滑。」

更那堪，有更兼之、況更、更加的意思。一、四、五例，「更那堪」與「早是」對應，意益明顯。宋‧王詵【燭影搖紅】詞：「早是縈心可慣，更那堪頻頻顧盼！」柳永【雨霖鈴】詞：「多情自古傷離別，更那堪冷落清秋節！」辛棄疾【賀新郎‧別茂嘉弟】詞：「綠樹聽鵜鴂，更那堪杜鵑聲住。」戲文《錯立身》五【六幺令】：「問甚麼粧孤扮末諸般會，更那堪會跳索、撲旗。」皆其例。倒作那堪更，意同。

參見「那堪」條。

更（gèng）待干罷

更待乾罷　更待干休

《金線池》三【尾煞】白：「嗨！他真個不歡喜我了，更待干罷！只得到俺哥哥那裏告他去。」

《哭存孝》二、白：「頗奈存孝無禮，你改了姓便罷，怎生領飛虎軍來殺我？更待干罷！」

《燕青博魚》楔【仙呂端正好】白：「你悮了十日假限，更待干罷！」

《忍字記》二【烏夜啼】白：「這廝原來在這裏面趂著哩，更待干罷！」

《秋胡戲妻》二【煞尾】白：「我倒吃他搶白了這一場，又吃這一跌，我更待乾罷！」

《灰闌記》一【青哥兒】白：「你養了姦夫，合毒藥謀殺了員外，更待乾罷！你要官休，還是要私休？」

更待干罷，元曲習用語。「更」有「豈」的意思。更待干罷，猶云「豈肯甘心罷休」。干，一作乾，均為「甘」之同音假借字。罷，一作休，義同。可參閱「甘罷」條。

弓兵

《東牆記》五【太平令】白：「既如此，弓兵快收拾車馬，赴任去來！」

《灰闌記》三【掛金索】白：「你是上司弓兵打得我，這婦人恰是我管的囚人，我可打得他。」

《留鞋記》三【滿庭芳】：「相公道招了呵不須責打，弓兵每他又更亂捉胡掙。」

弓兵，即弓手，屬於巡檢司，管巡邏、捕盜之事。《元史·兵志》：「元制：郡邑設弓手，以防盜也。……職巡邏，專捕獲。」《明律·兵律·關津·私設弓兵》纂注：「凡府州縣巡檢衙門，皆設有弓兵，本為地方守把、盤詰之用，若有人私借而役使者，一人笞四十。」明·田汝成《西湖志餘》：「元之將亂也，上下以墨為政，時廉訪司官，分巡州縣，例用巡尉司弓兵、旗幟，金鼓迎送。」

關於弓兵制開始的問題，或以為始於元，但《清平山堂話本·陳巡檢梅嶺失妻記》云：「官人自先去到任，多差弓兵人等來取不好？」可見弓兵之設，至遲不晚於宋代。此制相沿至清，如孔尚任《桃花扇·投轅》：「俺們是武昌營專管巡邏的弓兵」，是也。

公徒

《蝴蝶夢》二【梁州第七】：「這公事不比尋俗，就中間擔負公徒。」

同劇二【賀新郎】：「孩兒每萬千死罪犯公徒。那廝每情理難容，俺孩兒殺人可恕。」

《周公攝政》二【幺】：「便教臣身居冢宰為阿保，這一遍公徒也不小。」

上舉劇例，公徒，指刑罰。與古代用法有別，古謂公徒為諸侯的徒眾，如：《詩·魯頌·閟宮》：「公徒三萬，貝冑朱綅」；《左傳》昭公二十七年：「休公徒之怒，而啟叔孫氏之心」。

公事

公事，謂公家之事，但在元曲中多指案件，或男女愛情。

（一）

《蝴蝶夢》一【醉中天】：「你合死呵今朝便死，難道是殺人公事，也落個孝順名兒？」

《救風塵》四【落梅風】白:「今日升起早衙,斷理些公事。」

《救孝子》四、白:「這公事前官問定也,曾有准伏來麼?」

《殺狗勸夫》三【採茶歌】:「我也拚的把殺人公事獨招承。」

同劇四【中呂粉蝶兒】:「他道你怕見官司,挈著個天來大殺人公事。」

又同劇四【幺篇】:「一任你百樣兒伶牙俐齒,怎知大人行會斷的正沒頭公事。」

以上諸例,均指訴訟案件。《京本通俗小說・錯斬崔寧》:「朱老三道:『我不管閒帳,只是你家裏有殺人公事,你須回去對理。』」亦其例。

(二)

《救風塵》二【金菊香】:「想當日他暗成公事,只怕不相投。」

《張天師》三【叫聲】:「〔天師云:〕封姨,這一椿公事,敢都是你搧的來麼?〔封姨云:〕這是桂花仙子思凡,干我甚麼事?」

《揚州夢》一【賺煞尾】:「他不比尋常間牆花路柳,這公事怎肯甘心便索休,強風情酒病花愁。」

《兩世姻緣》三【鬼三臺】:「這言詞道要來不是要,這公事道假來不是假。」

《村樂堂》二【梧桐樹】:「你可便休想我把伊輕放,這公事決聲揚。」

以上各例,均指男女愛情之事。

以上二解,比較普遍。此外也有指公文的,如《張天師》二、白:「老夫欲待親自探望孩兒去,爭奈衙門中適有一件要緊公事,不得餘暇。」「要緊公事」,謂要緊公文也。《古今小說・張古老種瓜娶文女》:「張眞人方治公事,未暇相待。」「方治公事」,謂辦理公文也。也有指犯人的,如《古今小說・范巨卿雞黍死生交》:「聖帝降輦升殿,眾神起居畢,傳聖旨,押過公事來。」此「公事」即指犯人也。

功曹

公曹

《范張雞黍》二、白:「有本郡太守是第五倫,累次聘小生爲掌吏功曹。」

《東堂老》一【幺篇】：「那裏面又沒官僚，又沒王條，又沒公曹，又沒囚牢。」

《馬陵道》楔、白：「吾今將來驗凶吉，虔心啓請四直功曹，神劍撇下，休錯分毫。」

《碧桃花》三、白：「謹請當日功曹，直符使者，吾今用爾，速至壇前。」

功曹，官名，漢、晉至唐代，州、縣都設有功曹，掌管祭祀、禮樂、學校、選舉、表疏、醫巫、考課之事。約相當於今科員一類下級官員。一作公曹。晉·陶潛《晉故征西大將軍長史孟府君傳》：「舉秀才，又爲安西將軍庾翼府功曹，再爲江西別駕，巴丘令，征西大將軍譙國桓溫參軍。」韓愈有《酬裴十六功曹巡府西驛塗中見寄》詩，《全唐詩》注云：「裴十六，度也。監察御史出爲河南府功曹。」敦煌變文《韓朋賦》一卷：「朋爲公曹，我爲主符。」湯顯祖《牡丹亭·冥判》：「捧的是功曹令史，識字當該。」皆可證。

功德

《老生兒》一【青哥兒】白：「你便這般救苦憐貧，捨財布施，做下功德，只是年紀高大，也沒多幾時在世，有那一個知道你的？」

《合汗衫》三【醉春風】：「那捨貧的波眾檀越，救苦的波觀自在，肯與我做場兒功德，散分兒齋，可怎生再沒個將俺來睬、睬？」

功德，古指功業和德行，如：《漢書·禮樂志》云：「有功德者，靡不褒揚。」《後漢書·班固傳》云：「功德著乎祖宗。」佛家則稱行善布施及念佛誦經等爲功德：功指其行之善，德指其心之善。《大乘義章》：「功謂功能，善有資潤福利之功，故名爲功，此功是善行家德，名爲功德。」《勝鬘經寶窟》：「惡盡言功，善滿曰德；又德者得也，修功所得，故名功德。」上舉元劇諸例意屬之。唐代敦煌變文《妙法蓮花經變文》：「千年而不怛劬勞，一日兮滿其功德。」《董西廂》卷一：「生謂法本曰：『小生備錢五千，爲先父尚書作分功德。』」《醒世恒言·鬧樊樓多情周勝仙》：「功德水陸也不做。」《水滸》第六十回：「寨內揚起長旛，請附近寺院僧眾上山做功德。」皆其例也。

有時也指爲敬神敬佛所施捨的捐款，如《儒林外史》第二回：「眾人寫了功德」，是也。

功德，一作工德，如《荊釵記》九【戀芳椿】白：「惟喜椿庭身在室，何堪萱室魄歸天，工德悉兼全，玉質無瑕賽月圓。」按「工」爲同音借用。

供待

《舉案齊眉》二【笑歌賞】：「莫不是老孃孃欠供待的勤？莫不是小梅香有些的言詞蠹？……你、你、你只管裏這等不鄧鄧含嗔忿。」

供待，謂供給、招待。唐・劉肅《大唐新語》卷二「極諫第三」條：「且隴右諸州，人戶寡少，供待車駕，備挺稍難。」又同書卷八「文章第十七」條：「所司以上相之貴，所坐事雖輕，供待甚備。」

宮樣

宮粧　宮扮

《謝天香》四【幺篇】白：「教他冠金搖鳳效宮粧。」

《緋衣夢》一【油葫蘆】：「揀的那玉簪花直纏學宮扮。」

《漢宮秋》一【醉中天】：「將兩葉賽宮樣眉兒畫。」

《陳摶高臥》四【七弟兄】：「你便有粉白黛綠粧宮樣，茜裙羅襪縷金裳，則我這鐵臥單，有甚風流況？」

《西廂記》一本一折【勝葫蘆】：「則見他宮樣眉兒新月偃，斜侵入鬢雲邊。」

《七里灘》一【後庭花】：「嬌滴滴宮樣粧，玉纖纖手內將。」

宮樣，一作宮粧、宮扮，指宮廷裏的式樣、粧束和打扮。唐・范攄《雲溪友議》卷中「中山誨」條：引劉禹錫《贈李司空妓》詩云：「高髻雲鬟宮樣粧，春風一曲杜韋娘。」明・汪道昆《洛水悲・泣紅顏》：「蛾眉宮樣，容華如在昭陽。」清・洪昇《長生殿・私祭》：「舊時雲髻拋宮樣。」《紅樓夢》第一百一十六回：「廊簷下立著幾個侍女，都是宮妝打扮。」均可證。

劘（gǒng）

篘

《調風月》三【天淨沙】：「我便似劘牆賊蝎蜇喫聲。」

《金線池》三【二煞】：「我比那窗牆賊蝎螫索自忍。」

《圯橋進履》一【上小樓】：「閒來時打家截盜，剜牆窗窟。」

《柳毅傳書》二【鬼三台】：「涇河龍淤泥裏便窗。」

用頭鑽入曰剡，又作窗，用字異體。金・韓孝彥《篇海》：「窗，古孔切，音礦，剜土也。」《中原雅音》：「窗，劖穴也。」《元曲選》音釋：「窗音拱。」明・徐渭《豹子和尚》一【混江龍】：「月黑時窗窟剜牆。」亦其例也。

勾（gōu）頭

拘頭

《魯齋郎》楔【仙呂端正好】：「那一個官司敢把勾頭押，題起他名兒也怕。」

《冤家債主》四、白：「只望哥哥准發一紙勾頭文書，將那土地閻神，也追的他來。」

《岳陽樓》三【叨叨令】白：「我憑勾頭文書勾你。」

又同劇三【倘秀才】：「則為你愚不省，將勾頭來弔你。」

《西廂記》三本二折【上小樓】：「那簡帖兒倒做了你的招狀，他的勾頭，我的公案。」

《勘頭巾》二【南呂一枝花】：「把文卷依節次，請新官題判時，先呈與個押解牒文，後押上個拘頭僉字。」

勾頭，謂拘票、勾牒，即逮捕犯人的證件，猶如現在的逮捕證。又作拘頭，意同。

勾軍

《救孝子》一【天下樂】白：「老夫親自勾軍，來到此開封府西軍莊。」

《秋胡戲妻》一【天下樂】：「〔外扮勾軍人上，云：〕自家勾軍的便是。今奉上司差遣，著我勾秋胡當軍。」

《延安府》三【白鶴子】白：「俺是元帥府裏勾軍的。」

　　「勾」的本義爲牽引，引申爲徵調或被徵調的人。勾軍，即徵調士兵，猶今云徵兵；被徵調當兵的也叫做勾軍。明・李昌祺《剪燈餘話・瓊奴傳》：「勾軍之行，不必渠往」，是徵調意。

勾欄

构欄　构闌　拘欄　拘攔

　　《紫雲庭》一【混江龍】：「我勾欄裏把戲得四五迴鐵騎，到家來卻有六七場刀兵。」

　　又同劇四【收江南】：「則教你住拘欄，不交你坐監房。」

　　《藍采和》一、白：「俺在這梁園棚內勾欄裏做場。」

　　《詞林摘艷》卷五李直夫散套【五供養・愁冗冗恨綿綿】：「伴著些潑男也那潑女，茶房也那酒肆，則在构欄裏串。」（《盛世新聲》作「拘攔」。）

　　《太平樂府》卷九睢玄明散套【耍孩兒・詠鼓】：「開山時掛些紙錢，慶棚時得些賞賀，爭构闌把我來粧標垜。」

　　勾欄，宋元時代搬演百戲、雜劇的固定場所。勾欄內設有戲台、戲房（後台）、神樓、腰棚（看席），如同今之劇場。勾欄，或作构欄、构闌、勾闌、拘欄、拘攔、鉤欄等，音義並同。宋・孟元老《東京夢華錄》卷二「東角樓街巷」條：「其中大小勾欄五十餘座。內中瓦子蓮花棚、牡丹棚、裏瓦子夜叉棚、象棚最大，可容數千人。」宋・周密《武林舊事》卷六「瓦子勾欄」條：「如北瓦、羊棚樓等，謂之『遊棚』。」可見當時勾欄的大概情況。元・無名氏雜劇《藍采和》也把勾欄稱作棚，如云「梁園棚」是也。

　　關於「勾欄」一語的出現及含義的演變，明・方以智《通雅》云：「吐谷渾於河上作橋，長一百五十步，勾闌甚嚴飾，勾闌之名，始見此。」明・胡震亨《唐音癸籤》卷十九則云：「勾欄，《韻書》：木爲之，在階際。《古今注》：漢顧成廟槐樹設扶老鉤欄，其始也。」按《古今注》爲晉・崔豹所著，比方以智所本爲早。而兩說相同之點，都認爲勾闌指的是欄杆。到唐代，如《唐音癸籤》所說：「王建《宮詞》、李長吉《宮娃歌》，俱用爲宮禁華飾。自晚唐李商隱輩用之倡家情詞，如『簾輕』、『幕重』、『金鉤欄』之類。宋人相沿，遂專以名教坊，不復他用。」元雜劇中亦有以之指演劇活動者，如《藍

采和》一折：「則許官員上戶財主看勾欄散悶，我世不曾見個先生看勾欄」，是也。

勾（gōu）追

勾捉

《後庭花》四【呆骨朵】：「你把殺人賊快與我勾追。」

《虎頭牌》三【雙調新水令】：「他誤了限次，失了軍期，差幾個曳剌勾追。」

同劇三【沉醉東風】白：「今蒙行院相公勾捉，自合依准前來；卻不合抗拒不行赴院，故違將令。」

《魔合羅》四【蔓青菜】：「一徑的將你緊勾追。」

《東窗事犯》楔、白：「奉太師的鈞命，教西山靈隱寺勾捉呆行者去。」

勾追，一作勾捉，謂召捕、拘拿。《水滸》第二十二回：「可以勾追到官，責限比捕，跟尋宋江到官理問。」又云：「現在抄白在此，難以勾捉。」亦其例。

勾喚

《魯齋郎》一【混江龍】：「押文書心情似火，寫帖子勾喚如煙。」

《牆頭馬上》一、白：「只爲宦路相左，遂將此事都不提起了，如今左司家勾喚我，今日便行。」

《岳陽樓》三【叨叨令】白：「奉州官臺旨，即勾喚殺人賊一名。胡道人，是你不是你？」

《勘頭巾》三【金菊香】白：「嗯！衙門裏勾喚你哩，行動些！」

《延安府》三【白鶴子】：「你兩三番勾喚咱，將言語口中傳。」

勾喚，猶今云傳喚、傳訊。此爲法律名詞，謂執法者派人憑傳票，到某場所，在一定時限內，把犯人拘來歸案之意。

狗沁（qin）歌

《兩世姻緣》一【天下樂】：「狗沁歌嚎了幾聲，雞爪風扭了半邊。」

狗沁歌，罵人話。華北地區稱狗吃了東西再吐出來爲「沁」，故形容罵人的聲音難聽時日「狗沁歌」。徐嘉瑞釋爲「如狗吠之聲」（見《金元戲曲方言考》），意略近。

勾當（gòu dàng）

彀當

勾當：一指工作、供職、幹事；二指事情、差事；三指行爲、行徑、樣子、舉動等。

（一）

《紫雲庭》一、白：「俺勾當呵，沒一日曾淨。」

《老君堂》楔、白：「某今奉聖人的命，教元帥爲總兵官，袁天罡、李淳風爲諫議大夫，隨軍伍勾當。」

北語把工作、供職、幹事等活動，習稱勾當，清·翟灝《通俗編·行事》云：「勾當，乃幹事之謂。」

勾當，作爲動作用，隨文而異義。《北史·序傳》：「事無大小，（梁）士彥一委（李）仲舉，推尋勾當。」此「勾當」，謂辦理或處理也。《舊唐書·食貨志》：「以金部郎中杜佑權勾當江淮水陸運使。」《新唐書·第五琦傳》：「帝悅，拜監察御史，勾當江淮租庸使。」以上「勾當」，謂擔當也。宋·歐陽修《歸田錄》：「奉敕江南，勾當公事。」宋·孫逢吉《職官分紀》卷十三有「勾當公事」官，南宋改爲「幹辦公事」，可見此「勾當」之意，即幹辦也；或解爲辦理或處理，亦通。明·無名氏雜劇《渭塘奇遇》二：「姻緣今生勾當」，意謂成就也。

（二）

《緋衣夢》二【尾聲】白：「你家慶安做的好彀當！見俺悔了親事，今夜晚間把梅香殺了。」

《虎頭牌》三【攪箏琶】白：「你那知道那男子漢在外所行的勾當？」

《西廂記》一本二折【朝天子】：「偌大一箇宅堂，可怎生別沒箇兒郎，使得梅香來說勾當。」

《生金閣》二【越調鬪鵪鶉】：「我做不的重難的生活，只管幾件輕省的勾當。」

《凍蘇秦》三【梁州第七】白：「哥哥，你在這裏做甚麼勾當？」

以上各例，用作名詞，意指事情、差事。清・翟灝《通俗編・行事》：「按：勾當，乃幹事之謂，今直以事爲勾當」，是也。《京本通俗小說・錯斬崔寧》：「當下說了些生意的勾當。」《元典章三・均賦役》引延祐三年詔：「只交當差的百姓每當呵，勾當也成就不得。」皆其例。

勾當，或作糓當，音義同。

（三）

《西廂記》三本四折【紫花兒序】白：「見了他撒假的偌多話：『張生，我與你兄妹之禮，甚麼勾當！』」

《秋胡戲妻》四【雙調新水令】：「急切裏沒個鄰里街坊，我則怕人見，甚勾當？」

《凍蘇秦》三【絮蝦蟆】：「百般粧模作樣，訕笑寒酸魍魎，甚勾當？」

《貨郎旦》一【寄生草】：「〔外旦做連拜怒科，云：〕什麼勾當？釘子定著他哩，怎麼不還禮？」

以上是就作風、態度而言，意爲行爲、行徑、樣子、舉動。現在文字中，常用來指幹壞事情，如：「他們專幹見不得人的勾當。」

總之，以上（一）用作動詞，（二）、（三）均用爲名詞。但其含義也不僅如上述，也有當形勢講的，如《誶范叔》二：「仗英雄，顯志量，見秦君，說勾當」，是也。也有的當理由講的，如《遇上皇》一：「打罵你孩兒有甚勾當？又不曾游手好閑惹下禍殃」，是也。

糓中（gòu zhōng）

勾中

《單刀會》三【鬪鵪鶉】白：「那魯子敬，是箇足智多謀的人：他又兵多將廣，人強馬壯：則怕父親去呵，落在他糓中。」

《單鞭奪槊》三【聖藥王】白：「若不是我尉遲恭來的早呵，險些兒落在他勾中。」

《燕青博魚》四、白：「聽知的俺哥哥燕和落在那婦人糓中，連兄弟燕青也著絆了。」

《馬陵道》一【油葫蘆】:「我將你捉在馬前,你今日落在勾中。」

《爭報恩》二【紅繡鞋】白:「他兩個數次尋我的不是。則怕久後落
在他勾中,你則是早些來救我。」

彀中,原意是弓箭射程之內。《莊子‧德充符》:「游於羿之彀中。」注:
「弓矢所及爲彀中。」疏:「言羿善射,矢不虛發,彀中之地,必被殘傷。」
郭慶藩集釋:「《玉篇》:『彀,張弓弩。』《漢書‧周亞夫傳》:『彀,弓弩待滿。』
遊於羿之彀中,觸處皆危機也。」這裏用以比喻圈套、牢籠、機謀、道兒。
彀,一作勾,同音假借。

呱吺（gū zhā）

《金錢記》一【金盞兒】:「紫燕兒畫簷外謾嘈雜,黃鶯兒柳梢上日
呱吺。」

《元曲選》音釋:「呱音姑,吺,莊洒切。」或謂呱一讀蛙。呱吺,形容
黃鶯鳴音繁細,義同啁哳（zhōu zhá）,《楚辭》云:「鶬雞啁哳而爭鳴」。

姑老

《對玉梳》一【賺煞尾】詩云:「我這嘴臉也不俗,偏生不入婆娘目,
媽媽若還作的姑老成,怕道你家沒得棉花褥?」

姑老,即孤老,《水滸》第四回:「我女兒常常對他孤老說提轄大恩。」
《桃花扇‧卻奩》雜扮白:「今日早起,刷馬桶,倒溺壺,忙個不了,那些
孤老、表子,還不知搜到幾時哩。」或作「蓋老」,如《水滸》第二十四回:
「他的蓋老便是街上賣炊餅的武大郎。」按:姑、孤、蓋,雙聲字,義並同。
姑老、孤老、蓋老,都是婦女、娼妓對所私者,或妻子對於丈夫的稱呼。明‧
周祈《名義考》:「俗謂宿娼者曰孤老,亦作及老,猶言客人也。」清‧朱駿
聲《說文通訓定聲》:「姻,按:今俗謂女所私之人曰孤老。」章太炎《新方
言‧釋親屬》:「《說文》:嫪,姻也,郎到切;姻,嫪也,胡誤切。秦有淫人
曰嫪毐。今江南運河而東謂淫人爲姻嫪,音如固老,安徽謂其所私亦云。」
是知嫪毐、姻嫪,與孤老、姑老、蓋老、及老,均爲一聲之轉。

姑姑

《望江亭》一:「〔旦兒扮白姑姑上,云:〕貧道乃白姑姑是也。」

《任風子》一【寄生草】：「姑姑每屯滿七真堂。」

《鴛鴦被》二【小梁州】：「就把姑姑央及煞，可憐我這沒照覷的嬌
娃。」

舊時對女道、女僧（尼姑）一般稱做姑姑或姑子，與稱父親的姊妹爲姑
姑不同。明·無名氏雜劇有《女姑姑》。

此外，妻對夫的姐妹，亦稱姑姑，如《拜月亭》三：「你又是我妹妹、姑
姑，我又是你嫂嫂、姐姐。」

孤

《竇娥冤》二《隔尾》：「〔淨扮孤引祗候上。〕」

《救風塵》四【落梅風】：「〔外扮孤引張千上。〕」

《岳陽樓》四【收江南】：「〔外扮孤一行上，云：〕甚麼人懷亂？與
我拿過來者！」

《勘頭巾》二：「〔淨扮孤領張千、祗候上，詩云：〕官人清似水，
外郎白如麵：水麵打一和，糊塗成一片。」

《范張雞黍》一：「〔王仲略扮孤上，詩云：〕朝爲田舍郎，暮登搶
撞窗，跌下獅子來，騎上羛羍羊。」

孤，元劇角色名。明·朱權《太和正音譜》云：「孤，當場裝官者。」裝
官者，即指扮演官員的人。證以院本名目及現存元曲，其說是。把官說成孤，
當是宋、元方言。王國維曾疑「孤之名或官之訛轉」（見《古劇腳色考》），今
浙東尚有把「官」念作「孤」的，均可爲證。按，「官」念「孤」，雙聲對轉。

根據「官本雜劇」和「院本名目」子目，以「孤」名爲劇的有《思鄉早
行孤》、《睡孤》、《喬託孤》、《計算孤》、《百戲孤》、《菜園孤》、《哨咶孤》、《貨
郎孤》、《旦判孤》、《雙判孤》、《孝經孤》等，可見宋、元時以扮官爲主的腳
本很流行。

不過「孤」在當時並非專門角色之稱：吳自牧《夢粱錄》提到「孤」時，
則曰「或添一人」。陶宗儀《輟耕錄》題曰「孤裝」。施耐庵《水滸全傳》在
五個角色以外，只說「搬演雜劇，裝孤打攛」，均其證也。故「孤」的地位，
不能和「末」、「旦」、「淨」諸角色等量齊觀，只能居於「雜扮」之列，並且
常由各個行當的角色分別扮演，如：「淨扮孤」、「外扮孤」、「末扮孤」等。

孤，或作姑，如《投筆記》十六齣：「姑老望憐哀，難禁這狼狽。」姑老，即孤老也，「老」為語助詞，無義。

孤另

孤另另　孤零零　孤孤另另

《梧桐雨》一【醉扶歸】：「他阻隔銀河信杳冥，經年度歲成孤另，你試向天宮打聽，他決害了些相思病。」

《漢宮秋》四【蔓青菜】：「卻原來鵰叫長門兩三聲，怎知道更有箇人孤另。

《西廂記》一本三折【拙魯速】：「枕頭兒上孤另，被窩兒裏寂靜。」

《倩女離魂》四【古神仗兒】：「每日價煩煩惱惱，孤孤另另。」

《太平樂府》卷七宋方壺散套【鬪鵪鶉·送別】：「孤另另枕剩衾餘。」

《樂府群珠》卷四玄虛子小令【普天樂·題情】：「又不聽孤零零的天邊鵰聲。」

孤另，謂孤獨、孤單。或作孤冷，戲文《宦門子弟錯立身》十【江兒水】：「閃得我今日成孤冷。」或作孤零，明·柯丹丘《荊釵記》六【遶地遊】：「慕貞潔甘守孤零。」清·宋翔鳳《過庭錄》：「黃山谷詩品令茶詞：『鳳舞團團餅，恨分破教孤另。』俗語孤另，即孤令之訛。」按孤另、孤冷、孤零、孤令，音近義並同。蓋即其土音，隨音定字，不必拘於義理也。

重言之，則曰孤另另、孤零零、孤孤另另，加重語氣，極狀孤單之苦。現在口語中，還是這樣講。

孤辰

《梧桐雨》四【呆骨朵】：「則俺這孤辰限難熬，更打著離恨天最高。」

《東坡夢》一【賺煞】：「俺既是做僧人，命犯著寡宿孤辰。」

《柳毅傳書》三【柳葉兒】：「秀才也敢教你有家難奔，是、是、是熬不出寡宿孤辰。」

《羅李郎》四【步步嬌】：「想著我前世裏原無兒孫分，遭逢著寡宿孤辰運。」

《倩女離魂》三【耍孩兒】：「從此去，孤辰限，淒涼日。」

星相迷信說法，孤辰，指不吉之星，主孤寡。《後漢書・方術傳序》「孤虛之術」注：「孤，謂六甲之孤辰，若甲子旬中戌亥無干，是爲孤也。」按辰爲地支，甲子旬中無戌亥，戌亥即爲孤辰。湯顯祖《牡丹亭・鬧殤》：「夫人，不是你坐孤辰把子宿囂，則是我坐公堂冤業報」，亦其例。參見「孤虛」條。

孤窮

孤貧

孤窮，或作孤貧，含意有二：一指孤弱、困窮；二指孤陋寡聞。

（一）

《虎頭牌》一【金盞兒】：「我自小裏化了雙親，忒孤貧。」

《合汗衫》一【青哥兒】：「他一世兒爲人，半世兒孤貧。」

《博望燒屯》一【醉中天】：「他口聲聲道是孤窮劉備。」

《太平樂府》卷七朱庭玉散套【青杏子・思憶】：「咱不曾人前賣弄，人不曾將咱過送，是他家命限孤窮。」

孤窮，謂孤弱、窮困。《三國志・吳志・周昉傳》：「豈能上感，然事急、孤窮，惟天是訴耳。」《董西廂》卷六【雙調・茇荷香】：「忒孤窮，要一文錢物，也擘劃不動。」皆其例也。

孤窮，或作孤貧，意同。

（二）

《降桑椹》五【駐馬聽】：「幼小輕年，腹內孤窮學問淺。」

此謂孤陋寡聞，爲前者之引申義。

孤柺

古柺　柺孤

《燕青博魚》三【滾繡毬】白：「我若負了你的心呵，燈草打折腳古柺，現報在你眼裏。」

《范張雞黍》一【醉中天】白：「你每說到幾時？早不是臘月裏，不凍下我孤拐來？」

《太平樂府》卷九無名氏散套【耍孩兒·拘刷行院】：「區撲沙拐孤撇尺，光篤鹿瓯髑髏。」

孤拐，指踝（huái）骨，即腳脖子兩旁凸起的骨頭。明·吳承恩《西遊記》第三十二回：「編這樣大謊，可不誤了大事？快伸過孤拐來打五棍記心。」《醒世恆言·張廷秀逃生救父》：「快快出門，饒你一頓孤拐。」皆其例。亦指面上「顴骨」，如《紅樓夢》第六十一回：「高高的孤拐，大大的眼睛」，是也。

孤拐，或作古枴，或倒作拐孤，意均同。

孤堆

骨堆

《老生兒》三【調笑令】白：「我嫁的雞隨雞飛，嫁的狗隨狗走，嫁的孤堆坐的守。」

《李逵負荊》二【一煞】：「休怪我村沙樣勢，平地上起孤堆。」

《盆兒鬼》三【幺篇】：「呀！呆老子也！卻原來是一個土骨堆。」

孤堆，即土阜，指地平面上隆起的部分；或用以比喻土塑木雕。亦作骨堆，音近意同。有時引申作是非、枝節之意，如第二例「平地上起孤堆」，即無中生有、橫生枝節之意。韓愈《飲城南道邊古墓上逢中丞過贈禮部衛員外少室張道士》：「偶上城南土骨堆，共傾春酒三五杯。」宋·道原《傳燈錄》：「浮山遠答僧問、祖師西來意云：『平地上起骨堆』」皆其例。

孤虛

《秋胡戲妻》一【後庭花】：「不甫能就三合天地昏，避孤虛日月輪，望十載功名志，感一朝雨露恩。」

孤虛，星相方士術語。《史記·龜策列傳》：「日辰不全，故有孤虛。」裴駰注謂：甲乙謂之日，子丑謂之辰（即天干為日，地支為辰）；六甲孤虛法：甲子旬中無戌亥，戌亥為「孤」，辰巳為「虛」；甲戌旬中無申酉，申酉為「孤」，

寅卯爲「虛」；乃至午未、子丑、辰巳、戌亥、寅卯、申酉、子丑、午未，遞爲「孤虛」。《漢書・藝文志》有《風后孤虛》二十卷。「孤虛」又稱「空亡」，據說該日結婚不利。明劇《紅拂記》九：「休論王相與孤虛」，亦其例。參見「孤辰」條。

孤答

> 脈望館鈔校本《曲江池》二【尾聲】白：「俺如今再不要偌（惹）他去了，別尋箇有錢的孤答每討些養活。」

孤答，謂嫖客；疑因方言不同，由孤老一詞轉變而來，待考。

古董

估懂

> 《東堂老》一、白：「可早十年光景，把那家緣過活，金銀珠翠、古董翫器、田産物業、孳畜牛羊、油磨房、解典庫、丫鬟奴僕，典盡賣絕，都使得無了也。」

> 《陳州糶米》楔、白：「那一個不知我的名兒？見了人家的好玩器、好古董，不論金銀寶貝，但是值錢的，我和俺父親的性兒一般，就白拿白要，白搶白奪。」

> 《詞林摘艷》卷一劉庭信小令【醉太平・憶舊】：「孔子拄杖那直節，估懂鋪裏不惹。」

古董，一作骨董、估懂，古器物也。明・方以智《通雅・石器》：「《說文》：『𥰠，古器也，呼骨切。』今謂骨董，即𥰠董之訛也。」清・翟灝《通俗編》引明・劉績《霏雪錄》云：「骨董乃方言，初無定字，《晦庵語錄》作汨董，今亦稱骨董。」章太炎《新方言・釋器》：「今人謂古器爲骨董，相承已久，其骨即𥰠字，董乃餘音。」

宋・韓駒《送海常化士》詩：「莫言衲子籃無底，盛取江南骨董歸。」《盛世新聲》亥集【沽美酒帶過快活年】：「假骨董相暧零碎買，怎比那金廂的項牌？」皆其例。亦有作象聲詞者，如唐・孫棨《北里志》云：「若逼我不得已，骨董一聲即了矣。」還有混合雜糅和糊塗之意，前者如范成大《素羹》詩：「合和二物歸藜糝，新法儂家骨董羹。」後者如《桃花扇》一：「古

董先生誰似我，非玉非銅滿面包漿裹，剩魄殘魂無伴夥，時人指笑何須躲？」
今亦稱思想頑固不化的人爲老古董，是古董的引申義。

古懨

懨古

> 《後庭花》一【賺煞】：「您兩個快離了汴梁城，我與你速出了夷門
> 郡。人問你則推道是探親，你可休淹淚眼新痕壓舊痕，你且粧些古
> 懨溫淳。」

> 《風光好》二、白：「昨日陶學士座中古懨，將秦弱蘭正眼不看。」

> 《金錢記》四【沉醉東風】白：「兄弟也，你當初爲他這小姐，怎生
> 般狂蕩；今日我與保親，你怎生這般古懨？」

> 《陳州糶米》一、白：「人見我性兒不好，都喚我做張懨古。」又小
> 懨古白：「父親，則一件，你平日間是個性兒古懨的人，倘若到的
> 那買米處，你休言語則便了也。」

古懨，或作懨古、慕古，指人性格執拗、偏執、頑固。又作賭別，如明·
施君美《幽閨記》三十二：「我特地錯賭別。」凌延喜注云：即古懨之意。《元
曲選》音釋：「懨音鷙。」按賭別，音近借用。

古定刀

> 《陽春白雪》後集五關漢卿散套【新水令·駐馬聽】：「桑木劍熬乏
> 古定刀。」

> 《對玉梳》二【滾繡毬】：「紅蓮舌是斬郎君古定刀，青絲髮是縛子
> 弟降魔索。」

古代古定鎮所出的名刀，叫古定刀。《董西廂》卷二【般涉調·沁園春】：
「擔一柄截頭古定刀。」（採凌景埏說。）或作古錠刀，如《風月所舉問汝陽
記》王曄小令【水仙子·答】：「有錢問甚紙糊鍬，沒鈔由他古錠刀。」

骨朵

> 《漁樵記》三、白：「無一時則見那西門骨剌剌的開了，那骨朵銜仗、
> 水礶銀盆、茶褐羅傘下五明馬上，端然坐著個相公。」

　　骨（gū）朵，古代的兵器，後來常用作大官員的儀仗；本作胍肫，音轉為骨朵。其製，於棒端綴一蒜頭形，以鐵或堅木爲之，即前代儀仗中所謂金瓜是也。《宋史·儀衛製》云：「御龍骨朵子直二百二十人，執擎骨朵充禁衛。」《元史·輿服志二》「儀仗」條云：「骨朵，朱漆棒首，貫以金塗銅鎚。」元陶宗儀《輟耕錄》卷一云：「以此之故，余又究骨朵字義，嘗記宋景文筆記云：關中人以腹大爲胍肫，上音孤，下音都。俗因謂杖頭大者亦曰胍肫，後訛爲骨朵。朵，平聲。」

　　《水滸全傳》第七十四回：「只得聚集些公吏人來，擎著牙杖骨朵，打了三通擂鼓，向前聲喏」，亦其一例。

骨殖

　　《老生兒》楔、白：「這孩兒背著他那母親的骨殖，來到東平府，尋見老夫。」

　　《昊天塔》一、白：「老夫不能脫，撞李陵碑而亡。被番兵將我屍首焚燒了，把骨殖吊在幽州昊天寺塔尖上。」

　　《貨郎旦》三：「〔副旦背骨殖，手拿旛兒上，云：〕好是煩惱人也！」

　　《合同文字》二【呆骨朵】白：「父親，母親，您孩兒則今日就請起這兩把骨殖，回家鄉去。」

　　骨殖，謂死人骨頭。明·李昌祺《剪燈餘話·兩州都轄院志》：「賢夫骨殖待區區過杭。」或作骨植，如明·洪楩《雨窗集·花燈轎蓮女成佛記》：「第三日收拾骨植葬了」，是也。《初刻拍案驚奇》卷三三：「又叫人啓出骨殖來，與他帶去。」

骨剌剌

古剌剌　忽剌剌　忽喇喇

　　骨剌剌，象聲詞，無定字；又作古剌剌、忽剌剌、忽喇喇。骨、古同音；骨、忽音近：意並同。古音「見」、「曉」兩紐常通轉；故骨、忽二音，至金、元時，北音猶常混而爲一。「鶻」，骨聲，「鶻鴿」又作「胡伶」。均可類證。其所狀之聲，隨文而異。

（一）

《哭存孝》四【七弟兄】：「沉默默兩柄燕搧落，骨剌剌雜彩繡旗搖。」

《單刀會》三【尾聲】白：「到那裏古剌剌繡彩磨征旗。」

《三奪槊》一【么篇】：「呀！則見那骨剌剌征旗遮了太陽。」

同劇二【梁州】：「只疑是古剌剌雜彩旗搖。」

《趙禮讓肥》三【收尾】：「穩情取馬步禁軍都元帥，骨剌剌兩面門旗展開。」

《小尉遲》二【柳青娘】：「忽剌剌的繡旗開。」

《馬陵道》一【混江龍】：「單聽俺中間帳畫面鼓鼕鼕，和著那忽剌剌雜彩旗搖動。」

《氣英布》四【喜遷鶯】：「骨剌剌旗門開處，那楚重瞳在陣面上高呼。」

上舉諸例，狀旌旗颭動聲。

（二）

《西遊記》五本二十齣【黃鍾醉花陰】：「驟雨滂沱電光滿，古剌剌雷聲如車轉。」

《兩世姻緣》一【寄生草】：「賺郎君不索桃花片，但來的忽剌剌腦門上喫一箇震天雷，响唻唻心窩裏中幾下連珠箭。」

《英雄成敗》三【折桂令】：「忽喇喇鼓砲齊飛。」

《霍光鬼諫》一【天下樂】：「不聽得古剌剌淨鞭三下響。」

以上數例，狀雷聲、鼓聲、鞭砲聲。

（三）

《梧桐雨》三【風入松】：「止不過鳳簫羯鼓間琵琶，忽剌剌板撒紅牙。」

《漁樵記》三、白：「無一時則見那西門骨剌剌的開了。」

《元人小令集》失名失題七首之一：「骨剌剌坐車兒碾破綠莎茵。」

以上各例，狀奏樂聲、開門聲、車行聲。

骨都都

古都都　古突突

《黑旋風》一【哨遍】：「我喝一喝骨都都海波騰，撼一撼赤力力山嶽崩。」

《西廂記》二本楔子【一】：「瞧一瞧古都都翻了海波，滉一滉廝琅琅振動山巖。」

《柳毅傳書》二【小桃紅】：「古都都揭了瓦隴，吸哩哩提了斗栱，滴溜溜早翻過水晶宮。」

又同劇二【越調鬪鵪鶉】：「卒律律電影重，古突突霧氣濃。」

《馮玉蘭》三【商調集賢賓】：「我則聽的古都都潑天也似怒濤，鬪合著忽剌剌風聲兒廝鬧。」

骨都都，或作古都都、古突突，狀詞，形容聲響或形象。明·無名氏雜劇《破天陣》又作骨突突，如該劇第二折云：「我直殺的高阜處骨碌碌人頭亂滾，低窪處骨突突鮮血模糊」，是也。

王季思注《西廂記》云：「古都都、廝琅琅、赤力力、忽剌剌，此等副狀詞，皆僅記其聲，蓋當時聲口如此。」按此解，若僅就此處所舉《西廂》等例則可，但不能一概而論。因爲「古都都」不僅記其聲，亦狀其貌也，如上所舉《柳毅傳書》：「古突突霧氣濃」，是狀霧氣連續翻滾上昇貌；《破天陣》：「骨突突鮮血模糊」，是狀鮮血不斷騰湧貌；另外如《西遊記》第二十回：「山前面，有骨都都白雲，屹嶝嶝怪石」；顯然，也是形容白雲湧起的樣子。

骨碌碌

骨魯魯　骨嚕嚕　古魯魯　古鹿鹿

《單鞭奪槊》四【刮地風】：「忽地將銅鞭疾轉，骨碌碌怪眼睜圓。」

《氣英布》三【蔓青菜】白：「我老樊只除下兜鍪，把守轅門的軍校一時打倒，諕得項王在坐上骨碌碌滾將下來。」

《存孝打虎》二【牧羊關】：「死尸骸骨魯魯滾到四、五番。」

《貨郎旦》一【賺煞】：「氣勃勃堵住我喉嚨，骨嚕嚕潮上痰涎沫。」

《殺狗勸夫》三【梁州第七】:「一遞裏暗昏昏眼前花發,一遞裏古魯魯肚裏雷鳴。」

《三奪槊》三【沉醉東風】:「也曾殺的槍桿上濕漉漉血未乾,馬頭前古鹿鹿人頭滾。」

骨碌碌,形容滾轉貌和鳴聲;或作骨魯魯、骨嚕嚕、古魯魯、古鹿鹿。《董西廂》卷三又作骨轆轆,如云:「肚兒裏骨轆轆地亂鳴。」《醒世恆言·張廷秀逃生救父》又作谷碌碌,如云:「一腳踏錯,谷碌碌滾下去。」蓋皆音義同而字形異。

罟 (gǔ) 罟

《太平樂府》卷三無名氏小令【柳營曲·風月擔】:「達達搜無四兩,罟罟翅赤零丁,捨性命將風月擔兒爭。」

《詞林摘艷》卷一劉庭信小令【寨兒令·戒漂蕩】:「達達搜沒半星,罟罟翅赤零丁,捨性命把風月擔兒爭。」

罟罟,蒙古語,指蒙古婦女帽子上的裝飾品。譯音不同,又作括罟、顧姑、固姑。

刮土兒

《殺狗勸夫》一【仙呂點絳唇】:「從亡化了雙親,便思營運,尋資本,怎得分文?落可便刮土兒收拾盡。」

《來生債》一【天下樂】:「我恨不的罄囊兒捨與人些錢,恨不的刮土兒可便散與人些錢。」

《樂毅圖齊》三【耍孩兒】:「刮土兒去了營幙,燒了些黑沒促。」

刮土兒,盡其所有,謂連土地俱刮去也;極言掃數無餘的程度。例二「罄囊兒」與「刮土兒」互文,意益明顯。

刮刮匝匝

刮刮咂咂　刮刮拶拶

《黑旋風》二【醉扶歸】:「我恨不得一把火刮刮匝匝燒了你這村房舍。」

《李逵負荊》三【雙鴈兒】：「就恨不一把火，刮刮拶拶燒了你這草團瓢。」

《倩女離魂》四【古水仙子】：「則待教祆廟火刮刮匝匝烈焰生。」

《貨郎旦》四【四轉】白：「只見這正堂上火起，刮刮咂咂，燒的好怕人也！」

刮刮匝匝，狀火燒爆烈聲，或作刮刮咂咂、刮刮拶拶。《水滸》、《三國》又作刮刮雜雜：前者如第十回：「只見草料場火起，刮刮雜雜的燒著」；後者如第一百零三回：「草房內乾柴都著，刮刮雜雜，火勢衝天」，是也。

掛紅

《金鳳釵》楔、白：「秀才，你若得了官，我便準備著果盒酒兒，與你掛紅。」

舊時有喜事，多懸掛紅幛慶賀，謂之掛紅，俗曰掛幛子。《水滸》第四十四回：「眾相識與他掛紅賀喜。」又云：「眾鄰舍親戚都來掛紅賀喜，喫了一兩日酒。」皆其例也。此俗直到現在仍通行。

掛眼

挂眼

《望江亭》一【元和令】：「俺從今把心猿意馬緊牢拴，將繁華不掛眼。」

《風光好》一【後庭花】：「我勸你且開顏，須不比尋常風範，你敢越聰明越掛眼。」

《王粲登樓》一【天下樂】：「有那等酸也波寒，可著我怎挂眼？」

《追韓信》二【得勝令】：「說著漢天子由心困，量著楚重瞳怎掛眼？」

《詞林摘艷》卷五金志甫散套【新水令·恨天涯流落客孤寒】：「說著那漢天子休心困，量這箇楚重瞳怎掛眼？」

掛眼，謂上眼、瞧得起。挂、音義同掛。韓愈《贈張籍》詩：「吾老嗜讀書，餘事不挂眼。」唐語已然。

挂意

《薦福碑》二【煞尾】：「哥也，你可休不挂意揩抹了這把帶血刀。」

《趙氏孤兒》四【鬪鵪鶉】白：「您孩兒聽的說有箇趙盾丞相，倒也不曾挂意。」

挂意，謂掛心、惦記、注意。《唐書・同昌公主傳》：「公主薨，上日夕惝心掛意。」蘇軾《與故人書》：「洗眼藥，揩牙藥，得之甚幸，切望挂意。」是知唐宋已有此語。挂，一作掛。

掛口兒

挂口兒

元刊本《單刀會》二【滾繡毬】：「你是必挂口兒，則休提著那荊州。」

《謝天香》三【窮河西】：「怕待學大曲子，我從頭兒唱與你：本記的人前會掛口兒，從今後再休題。」

同劇三【滾繡毬】：「近新來下雨的那一日，你輸與我繡鞋兒一對，掛口兒再不曾題。」

《殺狗勸夫》二【耍孩兒】：「我挂口兒並不曾唗題。」

掛口兒，或作挂口兒，猶掛齒，意為談到、提及。蘇軾《送劉邠倅海陵》詩：「君不見阮嗣宗，臧否不挂口。」《桃花扇・誓師》：「無恥之言，再休掛口。」皆其例。

乖劣

乖劣，有偏扭、兇狠、糊塗、暴烈等義。

（一）

《柳毅傳書》楔、白：「你與我娶了個媳婦，他性兒乖劣，至今不與我相和。」

《劉行首》三【普天樂】：「你恰便發凡心，施乖劣。」

《漁樵記》三、白：「人見我性子乖劣，都喚我做張懒古。」

以上「乖劣」，謂怪僻、別扭。亦簡作「乖」。如《西廂記》三本一折【天下樂】：「紅娘看時，有些乖性兒。」王季思注云：「按『有時有些乖性』，謂

看不順眼也。」這裏「性兒乖劣」、「施乖劣」，也是性子別扭、偏執、不和諧、不順眼之意。「乖劣」二字亦可分開用，如《盛世新聲》南曲【步步嬌·暗想當年】：「他那心猿乖意馬劣」，是也。

（二）

《哭存孝》三【中呂粉蝶兒】：「他兩個似虺蛇，如蝮蠍，心腸乖劣。」

《牆頭馬上》三【梅花酒】：「他毒腸狠切丈夫又軟揣些些，相公又惡噷噷乖劣，夫人又叫丫丫似蝎蜇。」

《百花亭》一【一半兒】：「他狠毒呵恰似兩頭蛇，乖劣呵渾如雙尾蠍。」

以上「乖劣」，爲兇狠之意。《劉知遠諸宮調》二【中呂調·牧羊關】：洪義心腸倒大來乖劣」，亦其例也。

（三）

《哭存孝》三【上小樓】：「則俺那阿媽醉也，心中乖劣。」

以上「乖劣」，謂糊塗也。

（四）

《五侯宴》二、白：「能騎乖劣馬，善著四時衣。」

以上「乖劣」，謂暴烈也。

乖張

《小忽雷》三十【駐雲飛】：「嗏！國是已乖張，羅鉗吉網。」

《十五貫》十八〔海棠姐姐〕：「看他心虛膽怯，露出乖張。」

明·孫柚《琴心記》三十三【鶯啼序·前腔】白：「孤紅，兩邊遭難，雖不至此，只是命運乖張，爲何有出迹之日？」

《東坡夢》四【七弟兄】：「你道是醉鄉。〔東坡云：〕敢是做夢哩！〔正末唱：〕又道是夢鄉，也不似這等忒乖張。昨夜個喜孜孜燈下相親傍，今日裏假惺惺堂上問行藏。」

《張天師》二【梁州第七】：「翻笑著不風流閉門的顏叔，假乖張拍案的封陟。」

《柳毅傳書》三【浪裏來煞】：「則爲你假乖張，不就我這門親，害的來兩下裏憔悴損。」

《秋胡戲妻》四【鴛鴦煞】：「非是我假乖張，做出這喬模樣。」

《漁樵記》四【鴛鴦煞尾】詞云：「假乖張故逼寫休書。」

乖張，謂性格執拗、孤僻、不隨順、不和諧，猶「乖劣」（一）。梁武帝《孝思賦》：「何在我而不爾，與二氣而乖張。」唐・司馬貞《補史記序》：「其中遠近乖張，詞義踳駁，或篇章倒錯，或贊論齟疏。」韓愈《符讀書城南》詩：「二十漸乖張，清溝映汙渠。」敦煌變文《維摩詰經菩薩品變文甲》：「道傳咫尺非難往，祇對乖張不易迴。」《清平山堂話本・快嘴李翠蓮記》：「若是夫妻假乖張，又道娘子垃圾相。」明・柯丹丘《荊釵記》四十六：「假乖張，賤奴胎，把花言抵搪。」清・孔尚任《桃花扇・賺將》：「爭奈主將高傑性氣乖張，將總兵許定國當面斥罵。」《紅樓夢》第三回：「行爲偏僻，性乖張。」凡上所引，皆其例也。

明無名氏雜劇《彩樓記》四：「命運乖張，空有珠璣腹內藏。」此「乖張」，謂背時、不走運，是前義的引申。

乖覺

《望江亭》三、白：「這兩個小的，聰明乖覺，都是我心腹之人。」

《風光好》一【天下樂】白：「秦弱蘭，教你來伏事陶學士，你可乖覺著。」

又同劇二、白：「若論姐姐這等乖覺，料他到的那裏！」

《降桑椹》一、白：「自幼乖覺伶俐，不與兒童作戲，專以志誠爲本，所事合著人意。」

《㑳梅香》楔、白：「他好生的乖覺，但是他姐姐書中之意，未解呵他先解了；那更吟詠、寫染的都好。」

乖覺，或作乖角，謂聰明、伶俐、機警。清・褚人穫《堅瓠集》六集卷四：「俗美聰慧小兒曰乖角。」明・葉盛《水東日記》：「世稱警悟有局幹人曰乖覺。」說均是。《水滸》第四十一回：「黃文炳是個乖覺的人，早瞧了八分，便奔船梢後走，望江裏踴身便跳。」《紅樓夢》第五十六回：「眾丫環都笑道：『原來不是咱們家的寶玉，他生的也還乾淨，嘴兒也倒乖覺。』」皆其例也。

除此，有時也作乖違、分離講，如唐・獨孤及《夏中酬于逖、華耀問病見贈》詩：「行藏兩乖角，蹭蹬風波中。」唐人《詠焚書坑》詩：「祖龍算事渾乖角，將爲詩書活得人。」宋・朱彧《萍州可談》謂：「（汴京）市井輩謂不循理者爲乖角。」明・方以智《通雅》亦謂「俗以不循理曰乖角。」

一詞多意，本爲常事，但明・郎瑛《七修類稿》云：「乖角，不曉事意，故韓詩曰：『親朋頓乖角』是也。今人反以爲聰意，錯也。」

郎氏這段話的錯誤在於：不承認該詞的多義性；否定該詞作爲聰慧的解釋；對韓詩的誤解。韓愈《食河曲驛》詩：「親戚頓乖角，圖史棄縱橫。」顯然此「乖角」應作「分離」講；謂「不曉事」，殊費解。

摑打（guāi dǎ）

摑打　過打

《哭存孝》一、白：「被吾兒存孝擒挈了鄧天王，活挾了孟截海，摑打了張歸霸。」

《紫雲庭》三【快活三】：「無明火怎收撮，摑打會看如何？」

《降桑椹》一【寄生草】白：「三拳兩腳，過打死了。」

《貨郎旦》二【水仙子】：「我不見了煙花潑賤，猛擡頭錯摑打了別人怎罷休？」

《詞林摘艷》卷一劉庭信小令【折桂令・憶別】：「前日在白牡丹家摑打的你熱瘸。」

用手掌打人叫摑打。唐・盧仝《示添丁》詩：「久憐母惜摑不得。」「摑不得」，打不得也。宋・葉夢得《避暑錄話》：「執之十字路口，痛與百摑。」「痛與百摑」，謂狠狠地掌擊他一百下。明・無名氏雜劇《岳飛精忠》二【賀新郎】：「摑打碎鐵天靈。」「摑打」，猶摑打也。現在口語叫做打耳摑子，一般寫作打耳光；「光」是「摑」字的借用。不過，「摑打」含義較寬一些。

《元曲選》音釋：「摑，乖上聲。」舊亦讀「國（guó）」。摑，或作摑，過，音近借用。

關子

關子，指情節、關文。

（一）

《拜月亭》二【賀新郎】：「〔末云了。〕〔做著忙的科。〕〔孤云了。〕
〔做害羞科。〕是您女婿，不快哩。〔孤云了。〕〔做說關子了。〕〔孤
云了。〕〔做羞科。〕」

元刊本《遇上皇》二【採茶歌】：「〔正末做過來吃酒科，做啼哭科。〕
〔駕問了。〕〔正末做說關子了。〕」

《介子推》【四塊玉】：「〔使臣上云。〕〔云：〕臣不知太子有何罪犯，
官里與皇后有這般冤恨。〔說關子了。〕〔聽住。〕」

關子，一般指故事情節而言，如上所舉之例屬之。戲文《宦門子弟錯立
身》十三：〔生說關子介〕〔唱：〕【泣顏回】，亦其例。現在說唱家的習用語
「賣關子」，則是專指故事情節發展到使聽眾欲罷不能、急待知曉的地方，而
故意暫時放下不說明，習稱「賣關子」。當是從元劇「關子」一詞轉變而來。

（二）

《瀟湘雨》四、白：「小可是臨江驛的驛丞，昨日打將前路關子來，
道廉訪使大人在此經過，不免打掃館驛乾淨，大人敢待來也。」

此「關子」，即關文。關文，在古時是政府間的平行文書，多用於質詢或
通知。明・凌蒙初《二刻拍案驚奇・神偷寄興一枝梅，俠盜慣行三昧戲》：「知
縣即喚書房寫下捕盜批文，差下捕頭兩人，又寫下關子，關會長、吳二縣，
必要拿那孎龍到官。」即其例。

按關子，在唐以前已有具體程式，如梁・劉勰《文心雕龍・書記》云：「百
官詢事，則有關、刺、解、諜（牒）。」《舊唐書・職官志》：「諸司自相相質
問，其義有三：關、刺、移。」注「關，謂關通其事。」後來這種公文，就
不限於質詢。到清代應用範圍更擴大，不限於平級了。

關支

關

《勘頭巾》二【牧羊關】：「這的是遠倉糧猶未關支。」

　　《風雲會》二【牧羊關】：「疾忙教各部下關糧米，對名兒支料草。」

　　《霍光鬼諫》三【滾繡毬】：「陛下教軍衣襖旋旋關。」

　　《飛刀對箭》二【紅衫兒】白：「說與軍政司，便關與他衣甲頭盔鎗
刀器械。」

　　舊時官場中謂支領錢物曰關支，或省作「關」。析而言之，發給曰關，
領取曰支。《京本通俗小說·菩薩蠻》：「都管領鈞旨，自去關支銀兩，買辦
什物。」《水滸》第五十五回：「呼延灼領了鈞旨，帶人往甲杖庫關支。」《醒
世恒言·張廷秀逃生救父》：「關支的十無三四，白白的與吏胥做了人家。」
《幽閨記》十【前腔】：「羊酒須要關支。」又同劇六【趙皮鞋】：「俸錢些小
幾曾關？」《元典章·戶部·職役人關錢物》：「或令關錢人自來關支。」《清
會典事例·戶部·俸餉》：「餘賸額駙俸銀，亦准留京關支。」此語現在仍通
行，如軍隊中發餉曰關餉，機關、工廠發薪曰關錢、開支是也。

關節

　　《謝天香》二【梁州第七】：「又不是謝天香其中關節，這的是柳耆
卿酒後疎狂。」

　　《哭存孝》二【梁州】：「又不曾相趁著狂朋怪友，又不曾關節做九
故十親。」

　　《虎頭牌》三【慶宣和】：「你這個關節兒，常好道來的疾。」

　　《三奪槊》三【攬箏琶】：「俺那沙場上武藝僻合，他每枕頭邊關節
兒更緊。」

　　《鐵拐李》一【混江龍】：「出來的都關來節去，私多公少，可曾有
一件兒合天道？」

　　《陳州糶米》二【小梁州】：「他每都穿連透，我則怕關節兒枉生
受。」

　　關節，本指骨骼間相連結的地方。舊時一般借稱行賄、說人情為關節，
或叫做打關節、通關節。五代·王定保《唐摭言》：「造請權要，謂之關節。」
宋·吳曾《能改齋漫錄》卷二：「世以下之所以通款曲於上者曰關節，然唐已
有此語。段文昌言於文宗曰：『今歲禮部殊不公，所取進士，皆子弟無藝，以

關節得之。』」《宋史・包拯傳》:「關節不到,有閻羅包老。」元・陶宗儀《輟耕錄》卷八「關節梯媒」條:「《杜陽雜編》云:『元載寵姬薛瑤英,善爲巧媚,載惑之。瑤英之父曰宗本,兄曰從義,與趙娟相遞出入,以搆賄賂,號爲關節。……』又李肇《國史補》總敘進士科云:『造請權要,謂之關節。』牛軻《牛羊日曆》云:『由是輕薄奔走,揚鞭馳騖,以關節緊慢爲甲乙。』以此推之,則諺所謂打關節、有梯媒者,不爲無祖矣。」但據《漢書・佞幸傳》:「高祖有籍孺,孝惠時有閎孺,與上臥起,公卿皆因關說。」乃知「關節」又本於「關說」也。

　　有時也作「計謀」講,如《望江亭》三折:「不知你怎生做兀的關節?」有時也作「暗號」講,如《黑旋風》二折:「那婦人呵唱一句爲關節,那喬才呵他應一句到來也。」總之,因文見意,不能一概而論;但行賄之義較通行。

　　參見「打關節」條。

關典

　　《薛仁貴》三【滿庭芳】:「怎敢道是推東主西,我則怕言無關典,
　　　話不投機。」

　　關典,謂涉及典籍,言必有據也;簡言之,即「根據」之意。或作「按典」,如元刊本《薛仁貴》:「俺不是推東主西,子怕言不按典,話不投機」,是也。「按典」者,按照典籍也,與「關典」意同。

關親

　　《張天師》二【三煞】:「我可道不關親軋干繫,就也著冷眼兒來看
　　　你。」

　　《老生兒》四【碧玉簫】:「那廝每言而無信,凡事惹人嗔:怕不關
　　　親,怎將俺不瞅問?」

　　《合同文字》四【喬牌兒】:「他是個老人家多背悔,大人須有才智:
　　　外人行白打了猶當罪,可不俺關親人絕分義。」

　　又同劇四【得勝令】白:「兀那婆子,你與劉安住關親麼?」

　　《小尉遲》四【雙調新水令】:「我將這水磨鞭款款摩掄,只待打碎
　　　他腦蓋紛紛,誰承望共我關親。」

關親，謂親屬，指有血緣關係、親屬關係。《逸周書》:「姜后寢，有孕。占之，史良曰：是謂關親。」清‧胡文英《吳下方言考》:「關親，猶言痛癢相關之親也。今吳中凡有絲蘿，皆曰關親。」《董西廂》卷八【高平調‧于飛樂】:「杜太守端的是何人，與自家是舊友、關親？」亦其例也。

關情

《金線池》楔、詞云:「難道不關情，欲語還羞便似曾。」

《風光好》二【賀新郎】詩云:「隔窗疎雨送秋聲，夜夜愁人睡不成；遇此良宵多感慨，清風明月又關情。」

《張生煮海》四、白:「他兩個睹面關情，遂許中秋赴會。」

《雍熙樂府》卷八班惟志散套【一枝花‧秋夜聞箏】:「早則是字樣分明，更那堪音律關情。」

關情，情牽意惹之謂。唐‧陸龜蒙《又酬（襲美）次韻》詩:「酒香偏入夢，花落又關情。」明‧湯顯祖《牡丹亭‧驚夢》:「炷盡沉煙，拋殘繡線，恁今春關情似去年？」句意同此。

關棙子

關捩子

《張生煮海》二、詩云:「桑田成海又成田，一霎那堪過百年。撥轉頂門關棙子，阿誰不是大羅仙？」

《西遊記》二本七齣、白:「使臣到一交挷番，把繩子綁了入砲兜，一榔槌打動關棙子，一砲送十里遠。」

《昇仙夢》二【南千秋歲】白:「撥轉頂門關捩子，伊誰不是大羅仙？」

關棙，謂機關的轉軸，人操縱之，機棙可轉動；並用以比喻事情或思想中間的緊要樞紐。《後漢書‧張衡傳》:「復造候風地動儀……中有都柱，傍行八道，施關發機。」「施關發機」，即撥轉關棙的意思。《晉書‧天文志上》:「張衡又制渾象，……以漏水轉之於殿上室內，星中出沒與天相應。因其關戾，又轉瑞輪蓂莢於階下，隨月虛盈，依曆開落。」「關戾」即「關棙」。黃庭堅《再答靜翁並以築竹一枝贈行》詩:「四方八千關棙子，與君一個鑰匙

開。」《古今小說‧宋四公大鬧禁魂張》:「入得那土庫,一個紙人手裏托著銀毬,底下做著關捩子。」

引申其義,也用以比喻人們的醒悟,即思想器官的轉變,如所舉元劇一、三兩例。

有時也引申作「關鍵」之義,如清‧孔尚任《桃花扇‧卻奩》:「五宮咸湊,百節不鬆,文章關捩也。」

捩,《元曲選》音釋:「音利。」一作「捩」,音義同。「子」為名詞語尾,無義。

觀絕

覰絕

《拜月亭》三【倘秀才】:「恰隨妹妹閑行散悶些,到池沼,陌觀絕,越教人嘆嗟。」

《黑旋風》二【天下樂】:「我這裏便觀也波絕,那裏無話說。」

《任風子》二【窮河西】:「我這裏觀絕了悠悠的五魂也無,原來這丹陽師父領著一箇護身符。」

《合汗衫》三【脫布衫】:「我這裏便覰絕時雨淚盈腮,不由我不感嘆傷懷,則被你拋閃殺您這爹爹和您奶奶。」

《風光好》四【么篇】:「覰絕時,這君子其實不是,卻怎生沒半星兒相似?」

《詞林摘艷》卷一劉庭信小令【醉太平‧憶舊】:「南華經看徹,東晉帖觀絕,西凉州美醞一壺竭。」

又同書卷五鮑吉甫散套【新水令‧似一江春水向東流】:「覰絕時淚淹衫袖。」

觀絕,或作覰絕,意謂看罷、看完、看盡。覰,看的意思,同觀。絕,窮盡之謂。

官身

《金線池》楔、白:「府堂上喚官身哩!」

《青衫淚》一、白：「妾身裴興奴是也。在這教坊司樂籍中見應官妓。雖則學了幾曲琵琶，爭奈叫官身的無一日空閒。」

《玉壺春》三【滿庭芳】白：「我爲你剪了頭髮，我如今塵朦寶鑑，土暗銀箏，官身都不去承應了。」

《風光好》一、白：「太守老爺喚官身哩。」

《雲窗夢》四、白：「今有府判相公招女婿，換俺官身。」

《詞林摘艷》卷三王世甫散套【粉蝶兒・浪靜風恬】：「這些時浪靜風恬，再不去喚官身，題名兒差占。」

古時妓女，有官妓、私娼之分。官妓列入樂籍中，主要任務是供奉內廷，承應官府。承應官府的，逢時遇節，要穿規定的官衫，上官廳參見慶賀。官府裏有賓客宴會，也隨時叫去服務，謂之「官身」或「喚官身」，如上舉諸例是也。按官妓制度，是從中唐以後都市商業發展並伴隨著戲曲發展而產生的。爲了生活，當時出現了許多賣藝而兼賣笑的妓女，於是統治階級便把她們編好名籍，集中在行院裏，隨時叫來供他們享樂。宋・周密《齊東野語》卷十五周陸小詞曰：「自憐華髮滿紗巾，猶是官身。」可見官妓制度產生之久和對婦女的殘酷迫害。

「官身」除上義外，又凡有公事在身的，一般也稱官身，如：《勘頭巾》二、白：「原來是個牛鼻子，我不是官身，忙趕上打他一頓。」《水滸》第十四回：「都頭官身，不敢久留。」皆是。

官裏

官里

《雙赴夢》一【仙呂點絳唇】：「官裏旦暮朝夕，悶似三江水。」

《三奪槊》一、白：「我有一計，將美良川圖子獻與官里，道的不是反臣那甚麼？教壞了尉遲，哥哥便能勾官里做也。」

《介子推》三【迎仙客】白：「是（事）泄非干微臣之過，皆因呂用公奉官里聖旨所逼。」

《周公攝政》楔、白：「官裏與諸侯會於鹿臺。」

《謝金吾》三【禿廝兒】：「我和你廝扯定，入宮闈去見官裏。」

　　官裏，指天子、皇帝，猶官家。南宋・趙彥衛《雲麓漫鈔》卷三云：「今人曰官家，禁中又相語曰官裏。」周密《武林舊事》卷七：「約至五盞，太上賜官裏御書《急就章》並《金剛經》，官家卻進御書眞草《千字文》。」《清平山堂話本・風月瑞仙亭》：「忽一日正在門前賣酒，只見天使捧詔道：『朝廷觀先生所作《子虛賦》，文章潔爛，超越古今，官里嘆賞。』」《宣和遺事》亨集：「賈奕小詞譏諷官裏。」明・田汝成《西湖志餘》：「太上邀官裏至清心堂，進泛索。」凡此，皆其例也。

　　有時亦作衙門講，如宋・趙德麟《侯鯖錄》卷六記宋處士楊璞妻詩云：「今日捉將官裏去，這回斷送老頭皮。」

　　裏，簡作里，音義同。

官衫

官衫帔子

　　《金線池》楔：「〔張千云：〕府堂上喚官身哩〔正旦云：〕要官衫麼？〔張千云：〕是小酒，免了官衫。」

　　《酷寒亭》楔【幺篇】白：「自家蕭娥是也。自小習學談諧歌舞，無不通曉，當了三年王母，我如今納下官衫帔子，我嫁人去也。」

　　《還牢末》一、白：「我原是此處一個上廳行首，爲當不過官身，納了官衫帔子，禮案上除了名字，脫賤爲良，嫁了李孔目。」

　　舊時官妓到官廳供應時，穿官府規定的色式服裝，叫做官衫；外面套上紅帔，謂之官衫帔子。猶如今之禮服。帔，《元曲選》音釋：「音備」，是一種披肩。漢・劉熙《釋名・釋衣服》：「帔，披也，披之肩背，不及下也。」參見「官身祇候」條。

官家

　　《遇上皇》四、白：「寡人乃趙官家是也。」

　　《豫讓吞炭》三【調笑令】：「他雖不是萬乘主、千乘君王駕，你可甚有德行的趙主官家？」

　　官家，謂天子。《梁書・建平王傳》：「官家尚爾，兒安敢辭？」《宋史・宣仁聖烈高皇后傳》：「后泣撫王曰：『兒孝順，自官家服藥，未嘗去左右。』」

《宣和遺事》元集：「神宗是箇聰明的官家。」《劉知遠諸宮調》二：「星移斗轉近三鼓，怎顯得官家分福？」《水滸》第三十五回：「便是趙官家，老爺也鶻鳥不換。」等等，皆其例也。

「官家」所以稱爲天子，據漢·劉向《說苑·至公》云：「博士鮑白令對秦始皇曰：『天下官則讓賢，天下家則世繼，故五帝以天下爲官，三王以天下爲家。』」《書言故事·人君類·官家》：「俗稱天子曰官家，宋眞宗嘗以問侍讀李仲容。對曰：蔣濟《萬機論》：五帝官天下，三王家天下，兼五三之德，故曰官家。」宋·洪邁《容齋隨筆四筆·五帝官天下》：「漢蓋寬饒奏封事，引韓氏易傳言：五帝官天下，三王家天下，家以傳世，官以傳賢。若四時之運，成功者去，自後稱天子爲官家，蓋出於此。」南宋·趙彥衛《雲麓漫鈔》卷三：「蔡邕《獨斷》：漢百戶小吏稱天子曰大家。晉曰天。唐人多曰天家，又云官。今人言官家，禁中又相語曰官裏。官家之義，蓋取五帝官天下，三王家天下」也。明·周祈《名義考》引《廣記》云：「五帝官天下，三王家天下，稱官家，猶言帝王也。」

官家除稱帝王外，一般則謂公家，如白居易《喜罷郡》詩：「自此光陰爲己有，從前日月屬官家。」吳人又以之稱翁姑，如宋·王楙《野客叢書》云：「吳人稱翁爲官，稱姑爲家。」

官定粉

《調風月》一【天下樂】：「便似一團兒搽成官定粉。」

《玉鏡臺》四【駐馬聽】白：「有詩的，學士金鍾飲酒，夫人插金鳳釵，搽官定粉。」

官定粉，謂官家配製的脂粉，簡稱官粉。

官身祗候

官員祗候

《紫雲庭》三【二】：「這一件又得歇心，此一椿又得解脫，暫不見那官身祗候閑差撥。」

《風光好》四【上小樓】：「他許我夫人位次，妄除了煙花名字，再不曾披著帶著官員祗候褙子冠兒。」

官身祗候，是官妓的標識。宋元時，官妓的褙子冠兒上都縫有「官身祗候」或「官員祗候」四個字，以示身份。宋元戲文《柳耆卿詩酒翫江樓》【前腔換頭】：「除了官身祗候受禁持，實不敢依隨」，亦其例。

管取

管情　管請

《秋胡戲妻》一【賺煞】詩云：「軍中若把文章用，管取崢嶸衣錦歸。」

《風光好》一【後庭花】：「那學士若見了南唐秦弱蘭，更不說西京白牡丹，則消得我席上歌《金縷》，管取他尊前倒玉山。」

《莊周夢》二【前腔】：「心如止水，情通九霄，堅牢溫養，溫養堅牢。溫養堅牢，管取寶珠光耀。」

《降桑椹》一【醉中天】詩云：「紛紛瑞雪滿階基，有似楊花上下飛；一輪紅日當天照，管情化做一街泥。」

又同劇四、白：「若妳妳嚐下這桑椹子去，管情百病消除了也。」

《陳州糶米》楔、白：「哥哥，今日父親呼喚，要著俺兩個那裏辦事去，管請就做下了。」

管取，俗語，即管也；猶云包管、準定、一定，爲斷然肯定之詞。取，用作語助詞，無義。宋·朱敦儒【憶帝京】詞：「管取沒人嫌，便總道、先生俏。」宋·劉克莊【摸魚兒】詞：「愁箇甚？君管取，有薇堪采松堪蔭。」《董西廂》卷七【雙調·文如錦】：「管取您姐姐，是他命裏十分拙。」《兒女英雄傳》第二十一回：「任是你船上有多少人，管取都被他打下水去。」等等，皆其例。

管情、管請（qíng），意同管取。「情」、「請」與「取」雙聲字，均爲語助詞，無義。

管待

《謝天香》楔、白：「大姐，小生在此多蒙管待，小生若到京師闕下得了官呵，那五花官誥、駟馬香車，你便是夫人縣君也。」

《生金閣》一【金盞兒】白：「量小生有何德能，著衙內如此般張筵管待。」

《金錢記》二【煞尾】白：「早晚茶飯衣食，好生管待。」

又同劇三、白：「難得老相公待小生非輕，茶飯管待甚厚。」

又同劇三【紅繡鞋】白：「小生有何德能，著老相公這等重意管待也！」

管待，謂招待、款待，多指宴以酒食而言。《七國春秋平話》卷上：「其時，孫子排宴管待諸國君王。」《京本通俗小說·菩薩蠻》：「回至方丈，長老設宴管待。」《西遊記》第十三回：「這個是長老的洪福。去來！趕早兒剝了皮，者些肉，管待你也。」皆其例。

管教

元刊本《調風月》一【上馬嬌】：「子管教話兒因，我煞待嗔，我便惡相聞。」

《黑旋風》一【伴讀書】：「我和你待擺手去橫行，管教他抹著我的無乾淨。」

《西廂記》三本一折【煞尾】：「憑著我舌尖兒上說詞，更和這簡帖兒裏心事，管教那人兒來探你一遭兒。」

管教，猶言定教、定使。宋·周邦彥【蝶戀花·詠柳】詞：「擬插芳條須滿首，管教風味還勝舊。」《董西廂》卷三：「不圖酒食不圖茶，夫人請我別無話，孩兒，管教俺兩口兒就親吵！」皆其例。

管顧
顧管

《澠池會》三【笑歌賞】白：「大王，今日多蒙管顧，異日必當重謝。」

《圯橋進履》二【隔尾】白：「多有管顧不週，萬望寬恕。」

《劉弘嫁婢》二【么篇】白：「小秀才，一向管顧不週。」

《詞林摘艷》卷五李文蔚散套【新水令·一簾飛絮滾風圑】：「故人一去音塵斷，這芳菲誰顧管？」

管顧，倒作顧管，謂照顧、照管。《京本通俗小說·碾玉觀音上》：「我出來得遲了，府中養娘，各自四散，管顧不得。」戲文《小孫屠》十【賺】：「恨

分離，家中無人管顧奴。」以上皆屬其例。或又作管雇，如《警世通言·白娘子永鎮雷峰塔》：「感謝姐夫、姐姐管雇多時。」按「雇」為「顧」之省寫。

慣

慣：一謂縱容、放任；二謂習慣、慣常；三謂擅長。

（一）

《冤家債主》一【天下樂】：「慣的這廝千自由百自在。」

《連環計》一【天下樂】：「慣的那廝呵，千自在百自由。」

《漁樵記》二【滾繡毬】：「慣的你千自由百自在。」

《陳州糶米》二【呆骨朵】：「慣的他千自在百自由。」

以上各例，即縱容、放任之意。宋·晏幾道【鷓鴣天】詞：「夢魂慣得無拘檢，又踏楊花過謝橋。」宋·王觀【木蘭花令·詠柳】詞：「東君有意偏揪就，慣得腰肢真箇瘦。」等等，皆其例。

北語謂小兒因父母寵愛慣縱不懂禮貌的，曰「識慣」或「慣識」。

（二）

《西廂記》三本二折【快活三】：「你不慣？誰曾慣？」

《救孝子》二【四煞】：「俺媳婦兒呵，臉搽紅粉偏生嫩，眉畫青山不慣鞏。」

又同劇三【五煞】白：「兀那婆子，你是箇慣打官司習狡不良的人也！」

《王粲登樓》一【仙呂點絳唇】：「早是我家業凋殘，少年可慣。」

以上各例，即習慣、慣常、慣熟之意。《廣韻》：「慣，習也。」故習以為常謂之慣。唐·韓愈《崔十六少府攝伊陽以詩及書見投因酬三十韻》：「崔君初來時，相識頗未慣。」宋·秦觀【河傳·贈妓】：「丁香笑吐嬌無限，語軟香低，道我何曾慣？」宋·姜夔【疏影】：「昭君不慣胡沙遠。」均此意。《盛世新聲》子集【端正好·秋香亭上正歡濃】：「看了這詩中意投，必定是箇俊儒流，裁冰剪雪特慣熟。」「慣」、「熟」連文，亦可證。

《釋文》云：「慣，本又作貫。」《漢書·賈誼傳》：「習貫成自然。」注：「貫，習也。」是知「慣」字此種用法由來已久。

（三）

《謝天香》一【油葫蘆】：「能吹彈，好比人每日常看伺：慣歌謳，好比人每日常差使。」

按此「慣」字與「能」字互文，爲擅長之意。

慣老

《太平樂府》卷九高安道散套【哨遍‧嗓淡行院】：「撲紅旗裏著慣老，拖白練纏著胐瞅。」

慣老，胡忌注謂「背脊」（見《宋金雜劇考》），可從。「老」，在元曲中是作爲稱呼身體某一部份時的語尾詞，無義，如頭稱「頂老」、身稱「軀老」、手稱「爪老」、耳稱「聽老」、鼻稱「嗅老」等皆是。

慣經

經慣

《西廂記》二本二折【四邊靜】：「今宵歡慶，軟弱鶯鶯，可曾慣經？」

《兩世姻緣》二【後庭花】：「想著他和薔薇花露清，點胭脂紅蠟冷，整花朵心偏耐，畫蛾眉手慣經。」

《東堂老》二【煞尾】：「你那買賣上又不慣經，手藝上又不甚能：掇不得重，可也拈不得輕。」

《謝金吾》三、詩云：「多來少去關西漢，殺人放火曾經慣：一十七口誰殺來，六郎手下焦光贊。」

慣經，謂行之有素，猶言習慣、熟習。或作經慣，意同。

光子

《延安府》一【寄生草】：「哎！你箇無運智的光子，忒村沙，有甚麼不明白冤枉咱行訴。」

光子，朱居易注謂「土老兒」（見《元劇俗語方言例釋》），可從。

龜背

《氣英布》四【出隊子】白：「柳葉砌成的龜背搪猊鎧。」

《揚州夢》一【混江龍】：「近雕闌，穿玉戶，龜背毬樓。」

《飛刀對箭》三【幺篇】白：「披一副遮的刀，迎的箭，黃金打、柳葉砌成的龜背唐猊鎧。」

《詞林摘艷》卷五李文蔚散套【新水令‧一簾飛絮滾風團】：「冷落了回文龜背錦，空閑了通寶鴉青鏝。」

龜背，是一種像龜背一樣的六角形花紋妝飾，多施於衣物或建築。《元史‧祭祀志三》：「祏室，每室紅錦厚褥一，紫錦薄褥一，黃羅龜背紅簾一，緣以黃羅帶飾。」明‧劉若愚《酌中志》卷十七：「黃琉璃瓦，綠琉璃龜背腰牆。」《水滸全傳》第七十二回：「琉璃瓦砌鴛鴦，龜背簾垂翡翠。」等等，皆可證。

又龜背為佝僂的別稱。如《北史‧劉焯傳》：「犀額龜背，望高視遠，聰敏沉深，弱不好弄」，是也。

規模

《舉案齊眉》一【勝葫蘆】：「這都是麼庇驕奢潑賴徒，打扮出謊規模。」

《九世同居》一【鵲踏枝】：「追思這祖考音容，洋洋乎在生規模。」

《詞林摘艷》卷一周德清小令【朝天子‧書所見】：「鬢鴉，臉霞，屈殺將陪嫁；規模全是大人家，不在紅娘下。」（《元人小令集》收此令作關漢卿撰）

《盛世新聲》巳集【南呂一枝花‧瘦身軀難打捱】：「妖嬈體態，穩重規模。」

規模，本義是榜樣，如南北朝‧劉孝威《辟厭青牛畫贊》：「雄兒楷式，悍士規模」，是也。這裏引申作樣子、模樣。元曲中多用之。《水滸》第十九回：「兄長不看他的心，只觀他的顏色動靜規模。」又同書第六十三回：「生得規模與祖上雲長相似。」其「規模」云云，義並同。

鬼力

鬼吏

《冤家債主》四【駐馬聽】白：「鬼力，將他兩箇孩兒攝過來者！」

《度柳翠》二【牧羊關】白：「柳翠的罪過，饒他不的。鬼力，快下手者！」

《降桑椹》二【梧葉兒】白：「鬼力，與我喚將蔡氏門中家宅六神來者！」

舊時迷信說法，謂鬼力是陰間的衙役，相當於陽間的張千、李萬、董超、薛霸一類人物。《西遊記》一本四齣【川撥棹】曲文，徑作「鬼吏」，如云：「鬼吏參差，簇捧著屈死的孤窮秀士」，是也。疑「鬼力」之「力」，爲「吏」之協音借用字。

鬼病

鬼病兒

《東牆記》一【柳葉兒】：「見如今人遠天涯近，難勾引，怎相親？越加上鬼病三分。」

《西廂記》三本四折【調笑令】：「我這裏自審，這病爲邪淫，尸骨嵓嵓鬼病侵。」

《碧桃花》一【油葫蘆】：「常只是安排腸斷了黃昏，害了個慚漸漸的鬼病兒。」

《太平樂府》卷九杜善夫散套【耍孩兒‧喻情】：「我當初不合鬼擘口和你言盟誓，惹得你鬼病厭厭掛體。」

鬼病，謂怪病；元曲中指相思病。《董西廂》卷五【中呂調‧木蘭花】：「十分來的鬼病，九分來痊瘥」，語意亦同。

「兒」，語助詞，無義。

鬼門道

古門　古門道　古道

《西廂記》二本楔子：「〔潔朝鬼門道叫科：〕請將軍打話。」

《竇娥冤》二：「〔張驢兒向古門云：〕竇娥，婆婆想羊膆兒湯吃，快安排將來。」

《東坡夢》一【後庭花】：「〔行者向古門云：〕山下俗、道人家，有一百八十多斤的豬，宰一口兒」

《三戰呂布》楔：「〔劉末、關末在古門道，關末舉刀喝科云：〕張
　飛，你往那裏去也？」

《獨角牛》二：「〔折拆驢在古門道云：〕孩兒，喚我做甚麼？」

《爭報恩》楔：「〔關勝在古道云：〕……某乃大刀關勝的便是。」

　　鬼門道，指戲臺上的上場、下場門。元・柯九思《論曲》云：「构肆中戲
房出入之所，謂之『鬼門道』。言其所扮者皆已往昔人，出入於此，故云『鬼
門』。愚俗無知，以置鼓於門，改爲『鼓門道』，後又訛而爲『古』，皆非也。
蘇東坡有詩云：『搬演古人事，出入鬼門道。』」清・何焯云：「定遠詩：『牛
口定場先。』錢遵王云：『鬼門，謂之牛口。』惜未詳其出處。」（引自清・
姚燮《今樂考證》。）

　　鬼門道，或作古門道、古門、古道，義並同。

鬼胡由

鬼狐尤　鬼胡尤　鬼狐由　鬼狐猶　鬼狐纏　鬼狐涎　鬼狐延

　　鬼胡由，一指鬼魂；二喻妓女。

（一）

《黑旋風》四【滿庭芳】：「專等待來追究，便將他牢監固守，只落
　得盡場兒都做了鬼胡由。」

　　鬼胡由，指鬼魂；胡由，狀其飄忽不定也。現在北方話還有悠悠忽忽的
說法，悠忽，即胡由的倒語。明・湯顯祖《牡丹亭・冥誓》：「俺三光不滅，
鬼胡由，還動迭，一靈未歇。」清・洪昇《長生殿・情悔》：「苦變做了鬼胡
由，誰認得是楊玉環的行徑！」皆其例。

（二）

《莊周夢》四【梅花酒】：「剗的你牽纏顧戀鬼狐涎，卻不道春風桃
　李聞鶯燕，秦樓謝館酒家眠，齊聲唱徹《陽關怨》。」

《替殺妻》一【遊四門】：「呀！不賭時摟抱在祭臺邊，這婆娘色膽大
　如天；恰不怕柳外人瞧見，又不是顛，往日賢，都做了鬼狐延。」

《貨郎旦》二【步步嬌】：「送的我背井離鄉遭災勾，這賤才敢道辭
　生受，斷不得哄漢子的口，都是些即世求食鬼狐猶。」

《陳州糶米》三【牧羊關】：「本是個顯要龍圖職，怎伴著煙月鬼狐纏；可不先犯了個風流罪，落的價胡蘆提罷俸錢。」

《楚金仙月夜杜鵑啼》【柳葉兒】：「消什麼叮嚀說透，量那些鞋頭韈面休休。這公事奶奶行休泄漏。從今後鬼胡尤，不要你老婆舌頭。」

《詞林摘艷》卷四趙彥暉散套【點絳唇·萬種閒愁】：「哎！你箇鬼狐尤，悮了我談笑封侯，萬里鵬程得志秋。」（《太平樂府》卷六收此曲作「鬼狐由」。）

　　如上所云，胡由，飄忽不定之意。鬼胡由，謂像鬼一樣的飄忽，難以把捉，用以比喻妓女之水性楊花，難以捉摸。胡由，或作狐尤、胡尤、狐由、狐猶、狐纏、狐涎、狐延，義並同。

　　明·康海《王蘭卿》一【油葫蘆】：「你看那南來北往鬼胡纏，等不的移宮換徵三杯後，卻又早顛鸞倒鳳先尋湊。」《雍熙樂府》卷五散套《雨約雲期》：「鬼胡由，劣柳青。」亦均指妓女而言。

鬼促促

《桃花女》四、白：「伯伯，你這般鬼促促的，在這裏自言自語，莫不要出城去砍那桃樹麼？」

鬼促促，猶鬼祟祟，意謂偷偷摸摸。

鬼捏青

《金線池》三【二煞】：「最不愛打揉人七、八道貓煞爪，搯紐的三十馱鬼捏青。」

《燕青博魚》三【么篇】：「〔正末唱：〕誰捏的你這腮斗兒的青？〔搽旦云：〕我恰纔睡著了，是鬼捏青來。」

　　在睡眠或酒醉中，有時不知不覺皮膚上凸起一片青腫，像挨打受傷之狀。古人缺乏科學知識，迷信鬼神，便說這是鬼打的，因稱為鬼捏青。

鬼隨邪

《百花亭》一【金盞兒】：「只索央及你撮合山花博士，休使俺沒亂煞，做了鬼隨邪」。

　　隨邪，謂隨順邪惡，脫離正道，亦即發瘋著魔之意。故鬼隨邪，猶云風流鬼也。《單刀會》四【得勝令】：「你心內休喬怯，暢好是隨邪，吾當酒醉也。」隨邪，意謂歪邪，無情寡義，與上例意略近，可互參。明・湯顯祖《牡丹亭・冥誓》：「一點心憐念妾，不著俺黃泉恨你，你只罵的俺一句鬼隨邪。」語意與《百花亭》例正同。

鬼擘口

　　《金鳳釵》三【梁州】：「見一箇粗豪士扯住箇英才，我不合鬼擘口審問的明白。」

　　《太平樂府》卷九杜善夫散套【耍孩兒・喻情】：「我當初不合鬼擘口和你言盟誓，惹得你鬼病厭厭掛體。」

　　鬼擘口，猶言鬼擘問了自己的嘴，使得自己說了不應說的話。今俗語猶有：「不該鬼摸了腦袋，做錯了某事」之語，與此語有相仿之處。

聒噪（guō zào）

　　咶噪　聒吵　刮躁　吵聒　聒聒噪噪

　　《兩世姻緣》一【么篇】：「恰便是老妖精曾吵鬧了蟠桃宴，憑著那巧舌頭敢聒噪了森羅殿。」

　　又同劇一【醉中天】：「這些時聒吵到三百遍，要成合，只除是九千年。」

　　又同劇二、白：「娘呵，不要吵聒我，省些話兒罷，我盹睡咱。」

　　《雲窗夢》三【耍孩兒】白：「我這般煩惱，怎禁耳邊幾件兒聒噪人也呵！」

　　《飛刀對箭》一【那吒令】：「他那裏嘴不剌的，他也聒聒噪噪。」

　　《神奴兒》二【感皇恩】：「〔俫兒做哭云：〕老院公，你聒噪什麼？」

　　《楚金仙月夜杜鵑啼》【油葫蘆】：「俺娘咶噪將咱來守，梅香則是相隨著走，恰便似得罪的人常散收。」

　　《梨園樂府》上商政叔散套【雙調新水令】：「被淒涼一弄兒相刮躁。」

聒噪，謂吵鬧、語言煩絮。又作聒（huá）噪、聒吵、吵聒、刮躁；重言之則作聒聒噪噪。明·許時泉雜劇又作聒躁，如《寫風情》【清江引】：「四更鼓兒又聒躁」，是也。

宋、元平話小說中習用爲致謝的謙詞，猶云打攪、麻煩、對不起。如：《今古奇觀·賣油郎獨佔花魁》：「九媽送至門首，劉四媽叫聲『聒噪』，上轎去了。」《水滸》第十六回：「將這十一擔金珠寶貝都裝在車子內，遮蓋好了，叫聲『聒噪』，一直往黃泥岡下推去了。」《金瓶梅》第四回：「鄆哥道：『聒譟老叔，教我去，尋得他見，撰得三五十錢，養活老爹，也是好處。』」等等皆是。聒譟，音義同聒噪。

國均

《智勇定齊》楔【仙呂賞花時】白：「賢母奇才治國均，誰如鍾氏世絕倫？安危安亂平天下，纔識桑間應夢人。」

國均，謂國政。《詩·小雅·節南山》：「秉國之均，四方是維，天子是毗，俾民不迷。」傳：「均，平。」國均，亦指執國政者，如梁·任昉《哭范僕射》詩：「已矣余何嘆，輟春哀國均。」國均，亦作國鈞，《晉書·王羲之傳》：「任國鈞者，引咎責躬。唐·白居易《去歲罷杭州今春領吳郡慚無善政聊寫鄙懷兼寄三相公》詩：「爲問三丞相，如何秉國鈞？」元·羅燁《醉翁談錄》甲集卷二「私情公案」條：「行秉國鈞，作付（通『傅』）說相商之雨。」

果木

《襄陽會》一【寄生草】白：「叔父，你不飲酒呵，你請簡果木波！」

同劇一【醉扶歸】：「這果木本是同根蒂，他傷枝葉，擘了面皮。」

《貶夜郎》三【鮑老兒】：「若是忔攃定管尖上度與喫，更壓著王母蟠桃會，更做果木叢中佔了第一，量這廝有多少甜滋味！」

果木，謂水菓或果樹。

裹肚

《拜月亭》一【醉扶歸】：「都綳在我那睡裹肚薄棉套裏，我緊緊的著身繫。」

《後庭花》二【牧羊關】：「你與我置一頂紗帛頭巾，截一幅大紅裹肚。」

《西廂記》五本一折【幺篇】白：「書卻寫了，無可表意。只有汗衫一領，裹肚一條，襪兒一雙，瑤琴一張，玉簪一枚，斑管一枝。琴童，你收拾得好者！」

《瀟湘雨》三【出隊子】：「我吃飯時曬乾了舊衣服，上路時又淋濕我這布裹肚。」

《樂府群珠》卷四關漢卿小令【普天樂·遙寄寒衣】：「這衫兒穿的著皮肉，這裹肚常繫在心頭。」

裹肚，或稱兜肚；謂腰巾、裙巾，婦女多繫在衣服外面。睡覺時繫在腰腹間，均稱爲裹肚。《京本通俗小說·碾玉觀音上》：「看見令愛身上繫著一條繡裹肚。」《今古奇觀·陳御史巧勘金釵鈿》：「拾得一個布裹肚，內有一包銀子。」《董西廂》卷【越調·雪裹梅】：「一領汗衫與裹肚非足取，取是俺咱自做。」皆其例。又稱主腰，如《水滸》第二十七回：「敞開胸脯，露出桃紅色紗主腰，上面一色金鈕。」

裹角

《後庭花》四【紅繡鞋】白：「轉過隅頭，抹過裹角，來到李順家裏。」

又同劇同折【呆骨朵】白：「轉過隅頭，抹過裹角，來到這飯店門首。」

《冤家債主》楔、白：「轉過隅頭，抹過裹角，可早來到張家了，善友兄弟在家麼？」

裹角，即牆犄角，猶拐角。裹、拐雙聲通用。上舉例證中，「裹角」均與「隅頭」互文，其意益明。

裹劑

《東堂老》二【三煞】：「你是那無字兒的空瓶，……你是個脫皮兒裹劑。」

北人調麵，均分爲若干小團，以便搏作饅頭，或捍做餅餌。其小團即謂之劑子。後魏·賈思勰《齊民要述》卷九云：「切麵法，剛溲麵，揉令熟，大作擠，按餅。」宋·孟元老《東京夢華錄》卷四「餅店」條亦云：「每案

用三、五人捍劑。」又粽子之米、饅頭之餡，亦謂之「劑」。裹劑，當即豆沙、肉餡、粽米之類，多是油糖黏膩之物，一去皮，就不堪著手了。今魯東人譏無用者，輒曰「劑子去皮，管麼不是」。劑子，即指裹劑。《東堂老》劇中此語，亦言其無用，與魯語合。

過從

過從不下

《牆頭馬上》二【黃鍾尾】：「不是我敢為非敢作歹，他也有風情有手策，你也會圓成會分解，我也肯過從肯耽待。」

《青衫淚》四【幺篇】：「是他百般地，妳妳行過從不下，怎當那獠姨夫物擡高價？」

元刊本《博望燒屯》四【朱履曲】：「怎禁咱徐庶向人前把我強過從？」

《馬陵道》一【金盞兒】：「他那裏一一問行蹤，俺兄弟悄悄的厮過從。」

《太平樂府》卷八宋方壺散套【一枝花‧妓女】：「準備下些送舊迎新，安排下過從的見識。」

《雍熙樂府》卷九朱庭玉散套【梁州第七‧妓門庭】：「端的俺許你、許你這一片心過從著四下裏。」

《梨園樂府》上商政叔散套【一枝花‧遠寄】：「待勉強過從，枉費神思。」

過從，意為往來、週旋、應付。例中「肯過從肯耽待」，謂肯往來肯諒解也。「安排下些過從的見識」，謂準備下些週旋、應付的計策也。「過從著四下裏」，謂週旋、應付各方面也。「悄悄的厮過從」，謂暗暗的相請託，請託，亦週旋、應付之意也。「過從不下」，謂彼此難以交往，各不相容也。

《國策‧齊策四》：「於是乘其車，揭其劍，過其友曰：『孟嘗君客我。』」此「過」字，訪也，亦即過從之意。唐‧李公佐《南柯太守傳》：「時生酒徒周弁、田子華並居六合縣，不與生過從旬日矣。」明‧歸有光《邢州敘述》詩：「得友天下士，旦夕相過從。」這兩個「過從」，皆來往意。按來往和週旋、應付，實質上意義相通，只是在一定的語言環境，適用情況略有區別而已。

過犯

過犯公私

　　《蝴蝶夢》一【混江龍】：「他又不曾身耽疾病，又無甚過犯公私。」

　　《張天師》三【石榴花】：「你可也要推辭，那並頭蓮就是你過犯公私。」

　　《西廂記》三本二折【快活三】：「分明是你過犯，沒來由把我摧殘。」

　　《魔合羅》一【一半兒】白：「李德昌，你差了也！既爲神靈，怎見俺眾生過犯。」

　　《陽春白雪》後集三劉時中散套【端正好・上高監司二】：「有過犯駔儈徒，倚仗著幾文錢百般胡做。」

　　過犯，謂過失、犯罪。唐・范攄《雲溪友議》卷下「金仙指」條：「然諸貴達，皆乃惡其過犯，必不容貸焉。」韓愈《曹成王碑》：「誣以過犯。」宋・趙昇《朝野類要》：「若注授轉官，則又加舉主過犯。」元・陶宗儀《輟耕錄》卷十七「奴婢」條：「然奴或致富，主利其財，則俟少有過犯，杖而錮之，席卷而去，名曰抄估。」《金瓶梅》第三十五回：「昨日俺平安哥接五娘轎子，在路上好不學管，說哥的過犯。」意並同。「過犯公私」，即指犯公罪、私罪。按元代法律規定，有公罪、私罪之分。

過當

　　元刊本《范張雞黍》三【高平煞】：「一片心雖過當，無虛謬。」

　　《謝天香》二【南呂一枝花】：「只因他忒過當，據妾身貌陋殘粧，誰教他大尹行將咱過獎。」

　　過當，謂行事超過適當的限度。《漢書・司馬遷傳》：「與單于連戰十餘日，所殺過當。」同書《霍去病傳》：「斬捕首虜過當。」均謂斬獲的敵人超過己方的傷亡數。白居易《論孫璹張奉國狀》：「縱有才略，堪任將帥，猶宜且試於小鎮，不合便授此重藩，豈唯公議之間，以爲過當，亦恐同類之內，皆生幸心。」以上義並同。《西遊記》第二十三回：「八戒牽了馬匹道：『這個人家是過當的富貴之家。』」此「過當」宜解爲超出尋常，亦超過適當限度之意也。當，唸去聲。

過房

《玉壺春》一、白：「我這個女兒也不是我親養的，他自身姓張，幼小間過房與我做義女。」

又同劇四【得勝令】白：「妾身本姓張，自幼年過房與他做義女來。」

《救孝子》一【醉中天】白：「我想這大的個小廝，必然是你乞養過房螟蛉之子，不著疼熱。」

《貨郎旦》三、白：「這箇是過房你的文書，你將的去。」

自己無子而以兄弟或他人之子為子，謂之過房，也叫過繼。《元史・刑法志》：「諸乞養過房男女者聽，奴婢過房良民者，禁之。」《元典章・戶部・家財》：「周桂發本無嗣，將嫡姪周自思自幼過房為子。」清・俞樾《茶香室叢鈔》：「今俗無子而以兄弟之子為後日過房。《朱子全書言行錄》前集、王沂公事第七條云：『曾無子，欲令弟子過房』，是宋時已有過房之語。」按，此俗至今猶存。

過活

《魯齋郎》四【折桂令】：「俺自撇下家緣過活，再無心段足綾羅。」

《紫雲庭》三【四煞】：「俺娘則是個敲郎君置過活，他這幾年間衡賸下胡倫課。」

《曲江池》四【雁兒落】：「俺如今有過活，你兀自難存坐。」

《東堂老》一、白：「我如今不比往日，把那家緣過活，都做篩子喂驢，漏豆了。」

《西遊記》二本二齣【勝葫蘆】白：「你前生少欠我的，你的家緣過活妻子、都是我受用。」

上舉「過活」，不是一般生活度日之意，是指資產、產業而言。《水滸》第八回：「老漢家中也頗有些過活。」《醒世姻緣》第三十四回：「他一向又好與人賭博，所以把一個小小過活弄得一空，連一點空地鋪也都賣了。」皆其例。

《盛世新聲》巳集【南呂一枝花・眉粗翠葉稠】：「幾件兒腌臢歹過活。」此「過活」是指衣服；「歹過活」，謂破衣服也。

過遣

元刊本《任風子》一【鵲踏枝】：「謝天地葫蘆提過遣，稍有些水陸庄田。」

《曲江池》一【油葫蘆】：「則你那癆病損的身軀難過遣，可怎生添上喘？」

《漁樵記》四【川撥棹】：「還靠著打柴薪爲過遣，怎這般時命寒？」

《來生債》二【二煞】白：「居士，你將這家私棄捨了呵，也思量著久後孩兒每怎生過遣那！」

過遣，謂生活、過日子。《劉知遠諸宮調》一【商調‧拋毬樂】：「波波漉漉駈駈，受此般饑寒怎過遣？」明‧湯顯祖《牡丹亭‧驚夢》：「便賞遍了十二亭臺是枉然，到不如興盡回家閒過遣。」清‧孔尚任《桃花扇‧題畫》：「且抱著扇上桃花閒過遣。」

過頭杖

《岳陽樓》一【醉中天】：「我見他拄著條過頭杖，恰便似老龍王。」

《老生兒》三【小桃紅】：「俺兩口兒須大如您爹娘，哎！你箇蓮子花，放了我這過頭杖。」

《伍員吹簫》三【石榴花】：「他磕撲的跪在街基，他這條過頭拄杖盻盻的，又不知要怎地施爲。」

《㑇江亭》三【石榴花】：「這的是你拄杖恰過頭。」

以上四例，其義有三：

一謂過頭杖，是指高過其頂的拄杖，如一、三兩例是也。唐‧段成式《酉陽雜俎》續集卷四：「今之士大夫喪妻，往往杖竹甚長，謂之過頭杖。」元‧趙孟頫《老態》詩：「扶衰每藉過頭杖，食肉先尋剔齒籤。」亦其例。

二謂說過頭話。蓋「杖」諧音「賬」，故過頭杖，即過頭賬。北語謂凡不顧實際情況而許人以難於兌現的口惠，就叫放過頭賬。《老生兒》劇，引孫的伯父母謂年長於引孫之爹娘，但引孫只知祭其父母之墓，而忽於孝養伯父母，故說他是放過頭賬。

三是以「拄杖」諧音「主張」，如《㑇江亭》劇：「這的是你拄杖恰過頭」，即「這的是你主張恰過頭」之意也。

哈喇（hā·la）

哈剌　哈剌兒

《單鞭奪槊》二【滾繡毬】白：「趁早將他哈喇了，也正便宜。」

《金鳳釵》四【收江南】白：「若不饒，便哈剌了罷。」

《漢宮秋》三【鴛鴦煞】白：「不如送他去漢朝哈喇，依還的甥舅禮，兩國長存。」

《賺蒯通》一【混江龍】白：「依著我的愚見，只消差人賺將韓信到來，哈喇了就是。」

《謝金吾》三、白：「但那楊景是一個郡馬，怎好就是這等自做主張，將他只一刀哈喇了。」

《射柳捶丸》三、白：「來者何人？趁早下馬受降！但道箇不字，我都哈喇兒了。」

哈喇，蒙古語，謂殺死。《華夷譯語》下：「殺曰阿蘭，即哈剌也。」哈剌即哈喇，又作哈剌兒，音意同。

哈答

哈達

《蔣神靈應》楔【仙呂·端正好】白：「我做道官愛清幽，一生哈答度春秋。」

《雍熙樂府》卷十散套【一枝花·西湖賞玩】：「這個道咱哈答，那個道咱醉呀。」

欽定《元史譯語》卷二十四：「哈達，奉佛吉祥制帛也。卷一百二作『哈的』。」

《詞林摘艷》卷一王太傅小令【朝天子·嘆世】：「千古虛名，一場閒話，到大來快活殺。人道我哈達，我道我喇嘛，做一個神仙罷。」

哈答，又作「哈達」，馬虎、隨便、不經意之謂，「行（háng）唐」的音轉。《雍熙樂府》卷四【點絳唇套·妓者怨嗟】：「似這等好前程，爭忍廝行唐？」「行唐」意同「哈答」。參看「行唐」條。

哈答，亦謂調弄色情，如明雜劇《風月牡丹仙》一折：「牡丹仙和秀才說話，我也去和溜兒哈答」，是也。今蒙古、西藏用以敬佛或餽贈人的禮物（絲織品），亦譯作哈達。（見《竹葉亭雜記》音同義不同。

孩兒

孩兒每

《澠池會》四：「〔虞候云：〕大夫這證候，敢是停食傷飲，請簡醫人診視，可也好？〔正末云：〕孩兒也，我那裏取那病來？自從廉頗那日將某并隨從之人毆打了，我感了一口氣，在家閉門不出。」

《望江亭》三：「〔張千同李稍做見科，云：〕大人，今日是八月十五日中秋節令，對著如此月色，孩兒每與大人把一杯酒賞月，何如？」

《生金閣》三【牧羊關】：「〔張千云：〕相公不喫，與孩兒每喫，孩兒就喫。」

《爭報恩》一【混江龍】：「〔丁都管云：〕妳妳，您孩兒拏住個賊！」

《陳州糶米》三：「〔正末云：〕張千，你說甚麼哩？〔張千做怕科，云：〕孩兒每不曾說甚麼。」

孩兒，宋、元時僕役自稱或他稱之詞，是一種親熱的表示。《董西廂》卷一：「孩兒，莫不是無分共伊嘛！」這是張生對其至愛者鶯鶯的暱稱。同書卷二：「俺也不是廝虎，孩兒每早早地伏輸。」這是法聰和尚對孫飛虎敵軍的稱呼。孩兒每（每，同們），爲複數詞，仍表單數，元劇中習用。

「孩兒」一語，古時已有之，如：《書‧康誥傳》：「受養人如安孩兒赤子」；《後漢書‧公孫述傳》：「孩兒老母，口以萬數」，是也。

海會

《薦福碑》三【耍孩兒】：「正遇著東海龍王大會垓，他共我冤仇大，將這座藥師佛海會，都變做趙太祖凶宅。」

《度柳翠》一【天下樂】白：「蓮池海會，彌陀如來，觀音勢至坐蓮臺，接引上金階。」

《東堂老》一【一半兒】白：「你便執壺，我便把盞，再喫個上馬的鍾兒。著我那大姐宜時景，帶舞帶唱華嚴的那海會。」

《樂府群珠》卷二無名氏小令【華嚴海會唱舞金字經】：「華嚴海會，
捨身如來。」

佛家把眾聖的聚會稱做「海會」，意謂德深數眾，猶如大海，故名「海會。」
《華嚴玄疏一》：「言海會者，以深廣故，謂普賢等眾，德深齊佛，數廣利塵，
故稱爲海。」《演密鈔》：「海會，眾也。《華嚴經傳記一》曰普賢等海會聖眾。」

海郎

海老

《范張雞黍》一、白：「這裏有的是海郎，打半瓶喫罷！」

《盛世新聲》亥集、小令【十棒鼓】：「海老夢撒，紅兒喚咱，絮絮
答答，再休撚巴。」

海郎，酒名，味之厚者。據清·謝濟世《西北域記》云：「阿勒氣：斛取
斗曰阿勒旃，斗取升曰科勒旃，升取合（gě）曰波羅達喇蘇，一名哈利。」《行
院聲嗽·飲食門》：「酒：海老。」按：哈利與海郎、海老，均一音之轉。又，
所謂「斛取斗」、「斗取升」、「升取合」，當指酒的濃度而言。

海上方

海上方兒

《看錢奴》三【後庭花】：「你不肯冬三月開暖堂，你不肯夏三月捨
義漿，則你那情狠身中病，則你那心平便是海上方。」

《降桑椹》二【南青哥兒】白：「我有箇海上方兒，用一莊物件，你
捨的麼？」

《連環計》三【滾繡毬】：「我則要削除漢帝心頭病，便是你醫治姦
邪海上方，不索商量。」

《陽春白雪》後一、呂止軒【醉扶歸】：「頻去教人講，不去自家忙，
若得相思海上方，不到得害這些閒磨障。」

《盛世新聲》【雙調新水令·鳳臺無伴品鸞簫】：「強如海上方勝似靈
丹藥。」

海上方，海上仙方的簡語，指海中仙山上長生不死的藥方；秦始皇曾幾次派方士到海上去尋求，但始終沒找到（見《史記·秦始皇本紀》）。後來因稱靈丹妙藥爲海上方。《牡丹亭·詗藥》：「海上有仙方。」亦其例。

海猴兒

海鶴兒

《董西廂》卷五【仙呂調·尾】：「欲問自家心頭事，願聽我説似，這心頭橫儻箇海猴兒。」

《太平樂府》卷七喬夢符散套【新水令·閨麗】：「不是將海鶴兒相埋怨，休把這紙鷂兒廝調發。」

海猴兒，猶云好孩兒，是對親愛者的暱稱。蘇軾【減字木蘭花】詞：「今年十四，海裏猴兒奴子是。」龍沐勛《東坡樂府箋》引傅榦注蘇詞：「海猴兒，好孩兒也。」明·無名氏《墨娥小錄》卷十四「人事」「好孩兒：海鶴。」故「海猴」、「好孩」、「海鶴」，一也。蓋「海」與「好」，「猴」、「孩」與「鶴」，均爲雙聲字，通假。

漢子

《牆頭馬上》四【醉春風】白：「這個漢子不達時務，你這裏立地，我家去也。」

《合汗衫》一【混江龍】白：「兀那漢子，你那裏人氏？姓甚名誰？因什麼倒在這大雪裏？你説一遍，老夫是聽咱。」

同劇一【油葫蘆】白：「漢子，自古以來，則不你受貧。」

漢子，男子之稱。元·陶宗儀《輟耕錄》卷八「漢子」條：「今人謂賤丈夫曰漢子。按北齊魏愷自散騎常侍遷青州長史，固辭，文宣帝大怒曰：『何物漢子？與官不就。』又段成式廬陵官下記，韋令去西蜀時，彭州刺使被縣令密論訴，韋前期勘知，屈刺史詣府陳謝，及迴日，諸縣令悉遠迎，所訴者爲首，大言曰：『使君今日可謂朱研益丹矣。』刺史笑曰：『則公便自研朱漢子也。』」又宋·陸游《老學庵筆記》卷三也說「今謂賤丈夫曰漢子，蓋始於五胡亂華時。」但這祇是一說，不能一概而論。按漢子，最初當爲胡人呼漢人之辭，後來才轉用作男子的泛稱，非必皆有鄙賤之意。《牡丹亭·寇間》：「稟

大王，拏的箇南朝漢子在此」，是也。有時「漢」字上冠以他字而略去「子」字，又有好漢、惡漢、老漢、壯漢、男子漢、莊家漢等稱謂。又婦女稱丈夫，俗亦呼漢子（或簡稱漢），如《金瓶梅》第十一回：「弄得漢子烏眼雞一般，見了俺們便不待見」，是也。

汗替

汗塌

《村樂堂》二【烏夜啼】：「請同知自向跟前望，夫人爲甚麼汗塌淫殘妝。」

《詞林摘艷》卷一劉庭信小令【醉太平‧走蘇卿】：「破荷葉遮著歪靴靿，舊汗替絞了雜毛套，油手巾改做布裙腰，這的是子弟每下稍。」

汗替，一作汗塌，即汗衫。清‧錢大昕《恒言錄》卷五：「汗揭，襯衫也。」古人謂之汗衣，漢‧劉熙《釋名》：「汗衣近身，受汗垢之衣也。」《恒言錄廣證》：「鱣按：揭，即褟之別字。《方言》：『汗襦，自關而西，或謂之紙褟。』《事物紀原》：『實錄曰：漢高祖與項羽戰爭之際，汗透中單，遂有汗衫之名。』」汗揭，即汗塌，今北語多作汗褟（tā）兒。

行（háng）

行，讀如杭，指行業、行列，或表示方位，等等，例釋如下。

（一）

《金線池》一、白：「我想一百二十行，門門都好著衣喫飯，偏俺這一門，卻是誰人製下的？忑低微也呵！」

《看錢奴》三【逍遙樂】：「我則見不斷頭客旅經商，還口願百二十行。」

行謂行業，即指百工技藝等所擔任的工作。《宣和遺事》亨集：「遂於宮中列爲市場，令其宮女買賣茶酒，及一百二十行經紀買賣皆有。」明‧田汝成《西湖遊覽志餘》：「杭州三百六十行，各有市語。」皆其例。明‧王應麟

雜劇《逍遙遊》【前腔】：「哄人是我做官的本行。」這「行」字是「行業」本義的擴大。

（二）

《岳陽樓》一【鵲踏枝】：「對四面江山浩蕩，怎消得我幾行兒醉墨淋浪。」

《灰闌記》一【青哥兒】：「呀！諕的我膽飛魂喪，不由不兩淚千行。」

《兩世姻緣》一【鵲踏枝】：「他見我舞蹁躚，看的做玉嬋娟；抹一塊鼻凹裏沙糖，流兩行口角底頑涎。」

《村樂堂》一【梁州】：「半片席斜鋪在地下，兩塊磚掇在頭行。」

行謂行列：直者爲行，橫者爲列。古樂府《雞鳴》云：「鴛鴦七十二，羅列自成行」，是也。

（三）

《謝天香》二【賀新郎】白：「怎麼在我行打關節那？」

《望江亭》一【柳葉兒】：「到你行求丸散，你則與他這一服靈丹。」

《西廂記》一本二折【朝天子】：「你在我行口強，硬抵著頭皮撞。」

同劇一本三、白：「這小賤人不來我行回話。」

《倩女離魂》三、白：「我如今修一封平安家書，差人岳母行報知。」

宋元口語裏，在人稱、自稱後面用「行」字，都是用來指示方位的：我行，即我這裏（或這邊）；你行，即你那裏（或那邊）；岳母行，即岳母那裏（或那邊）；等等，可類推。行，讀如杭（háng），今杭州、嘉興語尚如此。

除以上三解外，行字還表示複數，相當於「每」和「們」字。例如：《董西廂》卷二：「僧行，有誰隨俺？」同書卷八：「怕賢不信，試問普救裏僧行。」《僧尼共犯》一折：「俺行常想著跳人家牆頭。」《紅蓮債》一折：「料他行都去參禪入定。」等等。按：僧行，即和尚們；俺行，即我們；他行，即他們也。還有時可釋爲夥伴，如《荊州記》：「男有男行，女有女伴。」「行」和「伴」互文見義。

行首（háng shǒu）

《謝天香》楔、白：「不想游學到此處，與上廳行首謝天香作伴。」

－535－

《玉壺春》一、白：「有一個女孩兒，小字素蘭，幼小間學成歌舞吹彈，做著個上廳行首。」

《曲江池》一【混江龍】白：「妹子，我想你除了我呵，便是個第一第二的行首。」

《風光好》一、白：「樂探，你與我喚將上廳行首秦弱蘭來者。」

宋元時稱上等妓女，居班列之首者曰「行首」。有大行首、二行首之分。明・徐渭《南詞敘錄》云：「行首，妓者貴稱，居班行之首也。」宋・朱彧《萍洲可談》卷三：「娼婦，州郡隸獄官，以伴女囚。近世擇姿容，習歌舞，迎送使客，侍宴好，謂之弟子，其魁謂之行首。」「上廳行首」，謂官妓中妓女之首。

行院（háng yuàn）

衖衖　衖院　衖完　衖衒　行完

行院，又作衖衖、衖院、衖完、衖衒、行完，形異音同，展轉引申，意義均相近；但析而言之，有如下各義。

（一）

《兩世姻緣》一【混江龍】：「我不比等閒行院，煞教我占場兒住老麗春園。」

元刊《替殺妻》一【青哥兒】：「嫂嫂你是箇良人良人宅眷，不是小末小末行院。」

《太平樂府》卷八朱庭玉散套【梁州第七・妓門庭】：「二十年已裏，端的不曾見兀的般真行院。」

以上「行院」，指妓女。《字彙補》：「俗謂樂人曰衖衖。」衖衖，同行院。在明代傳奇中，或作衖院，如《古玉環記》六：「堪笑茱瓜衖院，到說我們不見。」或作衖衖，如《玉玦記》六：「別人請衖衖，我專吃一味好寡醋便罷。」或作衖完，如《占花魁》十四：「我們叫做煙花使者，衖完先鋒。」等等。

（二）

戲文《錯立身》十二【麻郎兒】：「我是宦門子弟，也做的行院人家女壻。」

上舉「行院」，指妓院。王國維《宋元戲曲考》：「行院，大抵金元人謂娼妓所居。」明雜劇《嬌紅記》卷上：「若說著俺行院家的門風，打緊的是虔婆利害。」《水滸》第二十四回：「我這女兒……從小兒在東京時，祇在行院人家串。」或作術術，如二拍《青樓市探人踪，紅花場假鬼鬧》：「取得來送與術術人家」，是也。

(三)

《藍采和》二【梁州】白：「咱行院打識水勢。」

同劇二【哭皇天】：「更過如包待制涅，幾曾見行院來負荊？」

同劇三【朝天子】白：「都是一般行院，你多拿幾文錢出來，我務要平分。」

《錯立身》戲文：「你與我去叫大行院來，做些院本解悶。」

上舉「行院」，指伶人，猶今云演員，為第一義之引申。

(四)

《藍采和》一【仙呂·點絳唇】：「俺將這古本相傳，路歧體面，習行院，打諢通禪，窮薄藝知深淺。」

上舉「行院」，指劇本。

(五)

《任風子》一【那吒令】：「任屠非自專，你親曾見，做屠戶的這些術術。」（元刊本作「行院」）

上舉「術術」，同行院，猶言行業（職業）、同行，即指各種營生或從事各種營生的人。《古今小說·宋四公大鬧禁魂張》：「行院少有認識你的。」《警世通言·萬秀娘仇報山亭兒》：「又被萬員外分付盡一襄陽府開茶坊底行院。」所引兩則，皆其例也。明·孫仁孺《東郭記》二十一：「那些口裏士夫團，出外原來醜行完。」此「行完」，指乞丐。

行唐（háng táng）

《生金閣》二【紫花兒序】：「小丫鬟忙來呼喚，道衙內共我商量，豈敢行唐，大走向庭前去問當。」

《紫雲庭》四【川撥棹】：「休得行唐，火速疾忙，見咱個舊日個恩官使長，與咱多多的準備重賞。」

　　元刊本《魔合羅》三【商調集賢賓】：「官人委付將文案掌，有公事豈敢行唐？」

　　《霍光鬼諫》一【幺】：「應昂，行唐，走奔龍床，扯住衣裳，則就這金鑾殿上，咱兩個□一場。」

　　行唐，音同夯當，轉爲哈答：疑爲「荒唐」二字之音轉。有行爲不謹、隨便、不經意、怠慢、徬徨等義。

行（hàng）

　　《西廂記》一本二折【脫布衫】：「太師行，深深拜了，啓朱脣語言的當。」

　　《昊天塔》一【青哥兒】：「因此上向兒行一星星悲控。」

　　《劉弘嫁婢》楔、白：「爭奈到我行，乏其後嗣。」

　　行，讀如杭，去聲，指輩份。《漢書・蘇武傳》：「漢天子，我丈人行也。」王伯良注《西廂》曰：「行，輩也。《史記》『大父行』、『丈人行』，皆音去聲。今記中多作平聲用。」按：讀去聲或平聲，應有分別，因爲作「行輩」解釋的「行（hàng）」字，與作「方位詞」解釋的「行（háng）」字，讀音有別，意自不同。元曲如此，傳奇等亦然，如：《琵琶記》五：「你爹行見得好偏，只一子不留在身畔。」《靈寶刀》二十九：「孥家自到庵中，前日那一位娘行忽然下顧，贈以金貲。」皆其例也。

毫光

　　《西廂記》一本二折【快活三】：「卻怎瞜趁著你頭上放毫光，打扮的特來晃。」

　　《生金閣》四【得勝令】白：「有那虔心的人，拜三五拜，塔尖上有五色毫光眞佛出現。」

　　《度柳翠》楔、白：「慧眼纔開能救苦，眉間放出白毫光。」

　　同劇四【鴛鴦煞】：「駕一片祥雲，放五色毫光。」

　　《金安壽》四【青天歌】：「舌端放出玉毫光，輝輝朗朗照十方。」

　　「毫光」一詞，自來解釋不一：毛西河曰：佛眉間放光爲毫光。按此解釋，除上舉《度柳翠》外，其它各例，似難解釋。凌濛初解「毫光」，謂猶俗

云「眼里放得火出」，未免牽強。近人王季思注《西廂》謂：古注謂毫光嘲其禿首。按：解嘲固可，但未說明毫光爲何物。意者：毫光，謂光線四射如毫毛之細而亮。至於「嘲其禿首」，是毫光的言外之意，不能以此代替對毫光本身的解釋。

豪奢

《拜月亭》三【滾繡毬】：「您這些富產業更怕我顧戀情葱，俺向那筆尖上自闖閭得些豪奢。」

《百花亭》一【混江龍】：「管絃拖拽，王孫仕女鬪豪奢。」

《陽春白雪》後集五關漢卿散套【黃鍾・侍香金童】：「伽伽拜罷，頻頻禱祝：不求富貴豪奢，祇願得夫妻每早早圓德者。」

明・無名氏《四賢記》三十二〔光光乍〕白：「早年零替，人皆掩鼻而過之；此日豪奢，人就掇臂而奉也。」

豪奢，謂過度奢華，如例二，「鬪豪奢」，就是比賽衣著富麗，大量揮霍金錢，追求過分享受。一、三兩例，意指物質財富；例一，「豪奢」與上句「富產業」互文；例三，「豪奢」與「富貴」連文，均可證，是前義的引申，由形容詞變爲名詞。

好去

元刊本《紫雲亭》楔子、白：「伯伯好去者呵，兀的是花發多風雨，人生是別離。」

《太平樂府》卷九馬致遠散套【耍孩兒・借馬】：「道一聲『好去』，早兩淚雙垂。」

好去，是居者對於出外旅行者的一種安慰之詞。唐・劉餗《隋唐嘉話》上：「出廟門百許步，聞後有大聲曰：『李僕射好去！』」可見唐代已有此語。《西廂記》四本三折【滾繡毬】「聽得道一聲『去也』，鬆了金釧，減了玉肌」，意近是。

好生

好生，宋、元俗語；一般用作使人注意或甚辭。

（一）

《雙赴夢》三【耍孩兒】：「直取了漢上繞還國，不殺了賊臣不講和。若是都拿了，好生的將護，省可里拖磨。」

《單刀會》四【攪箏琶】：「好生的送我到船上者，我和你慢慢的相別。」

《伊尹耕莘》一【醉中天】白：「王留，伴哥，好好的抱到家中，便尋覓妳母，好生將養著。」

《西遊記》三本九齣【尾】白：「走了這胡孫，怎肯干罷，道與那吒好生跟尋者！」

俗謂使人注意曰好生、好，好好也；現在口語中還沿用。生，語助詞，無義。《介石智明禪師語錄》：「諸生好生聽取。」《石溪月禪師語錄》：「好生觀。」按：「好生聽取」、「好生觀」，語意俱同上。《京本通俗小說‧菩薩蠻》：「府尹不聽分辨：『左右拏下好生打。』」《喻世明言‧沈小官一鳥害七命》：「喝令：『好生打著！』」兩「好生打」，意思都是「重重地打」、「著實地打」，而這正是「好好打」的具體內容。

（二）

《單刀會》一【混江龍】白：「想關雲長好生勇猛，你索荊州呵，他兄弟怎肯和你甘罷？」

《漢宮秋》四、白：「今當此夜景蕭索，好生煩惱。」

《生金閣》一、白：「這兩箇小的好生的聰明！」

《秋胡戲妻》二、白：「單是這樣，好生沒興。」

《殺狗勸夫》四、白：「這兩個幫閒的賊子，好生無禮！」

《陳州糶米》三【梁州第七】白：「我要一奉十，好生撒鏝！」

以上各例，「好生」用爲甚辭，有非常、很是、多麼等意。《京本通俗小說‧拗相公》：「荊公閱之，如萬箭攢心，好生不樂。」明劇《彩樓記》八：「這放羊的狗骨頭，好生無禮。」皆其例。

好是

《漢宮秋》三【落梅風】：「可憐俺別離重，你好是歸去的忙！」

《曲江池》二、白：「想這虔婆，好是不中！」

《倩女離魂》一【寄生草】白：「好是難分別也呵！」

同劇二【麻郎兒】：「你好是舒心的伯牙，我做了沒路的渾家。」

《殺狗勸夫》一、白：「我員外好是執迷也！」

《詞林摘艷》卷一張鳴善小令【普天樂‧詠世】：「早是客蹉跎，忍見春零落，繁華一撮，好是多魔！」

同書卷十無名氏散套【鬥鵪鶉‧鵲噪霜枝】：「深閨獨寢最難熬，好是傷懷抱！」

好是，極甚之詞：猶很是、甚是、真是。「好是舒心」，謂真是心情舒暢也。「好是執迷」，謂很是固執不悟也。「好是傷懷抱」，謂甚是傷心也。《全唐詩》白居易《不出》：「檐前新葉覆殘花，席上餘杯對早茶。好是老身銷日處，誰能騎馬傍人家。」宋‧張先《西江月》詞：「體態看來隱約，梳妝好是家常。」很是。

好沒生

《岳陽樓》楔【仙呂‧賞花時】白：「這師父正是風僧狂道，好沒生與我一口劍，教我殺了俺媳婦兒。」

《硃砂擔》一【賺煞尾】白：「可不是晦氣！好沒生惹這一場驚怕。」

《紫泥宣》一、白：「好沒生的著俺兩箇攛著賞賜，往沙陀地面去。」

《開詔救忠》一、白：「韓元帥好沒生的著我做合後，也罷，我跟他走一遭去。我平生性兒剌塌，好沒生著我廝殺，若還被南朝拿住，一准是把我哈喇。」

同劇二、白：「我想那楊六兒虎剌孩那等英雄，好沒生著我和他交鋒。」

好沒生，意謂沒來由、無緣無故；猶今北京土語「好不當兒的」、「好不應兒的」。

好煞人

好殺人

《西廂記》二本二折【四邊靜】：「端詳可憎，好煞人也無乾淨。」

《裴度還帶》四【殿前歡】白：「準備洞房花燭夜，則怕今朝好殺
人。」

好煞人，意謂美死人、舒服死人，是調侃男女性行爲之詞。煞一作殺，
音義俱同。明·楊愼《俗言》：「白樂天《半開花》詩：『東風莫殺吹。』自
注：殺，去聲，音廈；俗語太甚曰殺。《容齋隨筆序》：殺有好處。元人傳奇：
忒風流，忒殺思。今京師語猶然。大曰殺大，高曰殺高，此假借字也。」現
在仍有此用法。（按，殺大、殺高，殺字今寫作傻，如云傻大個兒。）

好好先生

《襄陽會》楔、白：「此人複姓司馬，名徽，字德操，乃是好好先生。」

同上，趙雲白：「俺玄德公遇好好先生與龐德公，舉薦師父來。」

《曲江池》三【滿庭芳】：「那裏是虔婆到也，分明是子弟災星；這
一場唱叫無乾淨，死去波好好先生。」

好好先生，現在口語中還沿用，義猶和事老、老好人。清·翟灝《通俗
編·品目·好好先生》：「《譚縈》：『後漢司馬徽不談人短，與人語，美惡皆
言好。有人問徽安否，答曰：好。有人問陳子死？答曰：大好。妻責之曰：
人以君有德，故此相告，何聞人之死，反亦言好？徽曰：如卿之言亦大好。』
今人稱好好先生，本此。」《今古奇觀·徐老僕義憤成家》：「雖曉得分得不
公道，都要做好好先生，那箇肯做閒冤家，出尖說話？」清·李天根套《北
越調調笑令，續憂危詞》：「有多少老太爺白髮飄飄；有多少老先生，人稱好
好；有多少窮朋友冷袖蕭蕭。」亦一例也。

耗散

《澠池會》二【幺篇】：「將他這倉廩耗散，府庫空虛。」

《范張雞黍》三【後庭花】：「可惜耗散了風雲氣，沈埋了經濟手。」

《兒女團圓》二【南呂一枝花】：「這些時典賣了我些南畝田，耗散
了中庭麥。」

耗散，猶耗損、耗減，耗費消散的意思。《新唐書·兵志》：「自高宗、武
后時，天下久不用兵，府兵之法浸壞，番役更代，多不以時，衛士稍稍亡匿，
至是益耗散，宿衛不能給。」

呵諏（hē zōu）

《太平樂府》卷五顧君澤小令【罵玉郎帶感皇恩採茶歌·述懷】:「閑呵諏，歪嗑牙，發喬科。」

呵諏，謂聊天、閑談，與「嗑牙」爲互文，可證。諏，今作謅。

禾旦

《黃鶴樓》二【正宮端正好】:「〔禾旦云:〕俺看田禾去來。」

又:「〔禾旦云:〕俺這江南，青的是山，綠的是水。」

《薛仁貴》三:〔丑扮禾旦上，唱:〕【雙調豆葉黃】。

《女姑姑》二【絡絲娘】「〔禾旦云:〕是他調戲我來，你還說嘴哩!」

元劇中扮演村姑的稱爲禾旦。禾在宋代多作和，如宋「官本雜劇」中有《病和採蓮》、《孤和法曲》。後來「和」、「禾」兼用，如「院本名目」中有《禾哨旦》、《四方和》、《趕村禾》、《禾下家門》等。到元代就多省作禾了。禾或和在元雜劇中都是農家的意思。元刊本《薛仁貴衣錦還鄉》劇，以「拔和」扮仁貴之父。

禾傈

《黃鶴樓》二【禾詞】:「〔正末扮禾傈上，云:〕伴姑兒，等我一等波!」

《獨角牛》一:「〔正末同禾傈上〕〔禾傈云:〕哥哥，你看俺這莊農人家，春種夏鋤，秋收冬藏。春若不種，秋收無望。俺做莊農的，比您這學擂的，可是如何也?」

元劇中扮演村童的稱禾傈，意猶芒郎。可參閱「禾旦」、「芒郎」條。

合下

《梨園樂府》上、商政叔散套【夜行船】:「合下手合平，先負心先贏。休只管學那人薄倖，往和他急竟。」

《陽春白雪》後集五呂止庵散套【風入松】:「合下手脾和，莫不是把人賺。」

合下，宋、元時語辭，意謂眼下、目前，如上舉例是也。也作根本、原來、當初講，例如：《朱子全書・大學》：「大學之道，在明明德。謂人合下便有此明德。」《董西廂》卷三【大石調・洞仙歌】：「把如合下，休許咱家——你恁地，我離了他家便是。」同書卷五【仙呂調・瑞蓮兒】：「刁鐙得人來成病體，爭如合下休相識。」

合口

《介子推》二【尾】：「你今日道屠殺他這太子，不怕難，合口。」

《貨郎旦》一【天下樂】白：「嗏兩箇合口唱叫。」

《女姑姑》二【麻郎兒】：「被別人並贓捉獲，翻合口不伏燒埋。」

合口，鬪口、爭吵之意，猶今云口角。《董西廂》卷四【仙呂調・繡帶兒】：「思量定不必閑合口，且看當日把子母每曾救。」戲文《小孫屠》：「也免在家閑爭合口。」《水滸》第七回：「官人，休要坐地，娘子在廟中和人合口。」《金瓶梅》第八十四回：「大舅快去，我娘在方丈和人合口哩。」皆其例。重言之又作合嘴合舌，如《今古奇觀・劉元普雙生貴子》：「直擺佈得夫妻兩口合嘴合舌，甚不相安。」今吳語謂之鬪嘴鬪舌。

《䰃江亭》二：「滋味得時合著口。」此「合口」謂可口、適口。《漢書・揚雄傳下》：「美味期乎合口。」意同。此二例與前三例意義不同。

合氣

《金線池》二、白：「只爲杜蕊娘他把俺赤心相待，時常與這虔婆合氣。」

《東坡夢》一【後庭花】白：「多謝學士，師父合氣了。那學士老爺說道：有酒有肉我便吃，無酒無肉我回舟中去也。」

《瀟湘雨》四【笑和尚】白：「怎麼我這眼連跳又跳的？想是老夫人又來合氣了。」

《灰闌記》楔、白：「員外，我今日爲孩兒張林不孝順，與老身合氣，你討些沙仁來送我，做碗湯吃。」

合氣，謂鬪氣、嘔氣、賭氣、惹氣。《醒世姻緣傳》有句云：「或與婆婆合氣，或與丈夫反目。」「合氣」與「反目」對舉，可爲佐證。合氣，一作

閣氣，如《西遊記》第二十六回：「我們走脫了，被他趕上，把我們就當汗巾兒一般，一袖子都籠去了，所以閣氣。」按合，讀如蛤（gé）故合氣、閣氣，音意同。

合該

《冤家債主》一【仙呂點絳唇】：「濁骨凡胎，遞生人海，三十載，也是我緣分合該。」

《玙橋進履》二【梁州】：「見如今沿門乞化，抵多少日轉他那千階，也是我命裏合該。」

《金安壽》四【慶宣和】：「不是俺忒疎狂性格乖，也則是業緣裏合該。」

《飛刀對箭》四、白：「你賴他的功勞，本合該斬首，饒你項上一刀。」

合該，理應如此之意，如《飛刀對箭》例是也。舊時宿命論的說法，謂人之富貴貧賤、悲歡離合，都是上天安排、命裏注定的，故「合該」，即謂定數應當如此，其它各例皆屬此意。《清平山堂話本‧曹伯明錯勘贓記》：「伯明道：『娘子，我和你合該發跡。』」《紅樓夢》第十一回：「合該你這病要好了，所以前日遇著這個好大夫，再也是不怕的了。」又云：「賈瑞道：『也是合該我與嫂子有緣。』」皆其例也。

又有責任自負，不足同情之意，如說：「這畜生合該作死！」今北方口語，合該讀活該。

合笙

《金線池》三【醉高歌】：「或是曲兒中唱幾個花名。〔眾旦云：〕我不省得。〔正旦唱：〕詩句裏包籠著尾聲。〔眾旦云：〕我不省得。〔正旦唱：〕續麻道字針針頂。〔眾旦云：〕我不省得。〔正旦唱：〕正題目當筵合笙。」

《太平樂府》卷八無名氏散套【粉蝶兒‧閱世】：「折末道謎續麻合笙，折末道字說書打令，諸般樂藝都曾領。」

合笙，宋人《武林舊事》、《東京夢華錄》和《都城紀勝》諸書中都作「合生」。「合生」是宋代說話的一家，眾伎之一種。扮演這種技藝的男女藝人，

都須言詞敏捷、辨慧有才思。正如宋・洪邁《夷堅志》乙集卷六「合生詩詞」條中所說：「江浙間，路歧伶女，慧黠知文墨，能於席上指物題咏，應命輒成者，謂之合生。」「合生」之名，始自唐代。《新唐書・武平一傳》：「酒酣，胡人襪子何懿等唱合生，歌，言淺穢。……妖伎胡人，街童市子，或言妃主情貌，或列王公名質，詠歌蹈舞，號日合生。」但唐代的「合生」，以歌咏為主，舞蹈為輔，與宋代的「合生」，名同實異。唐代的「合生」到了宋代，一變而為「唱題目」，而把它舊有的名稱讓位給宋代的新興技藝。

合酪（hé lè）

合落兒　餄餎

《勘頭巾》三【掛金索】：「你若說實情呵，我可便買與個合酪吃。」

《西遊記》二本六齣、白：「等他們來家，教他敷演與我聽，我請他吃分合落兒。」

同上【收江南】：「釅子面合落兒帶蔥薑。」

《雍熙樂府》卷六散套【粉蝶兒・慳吝】：「添換上，是蕎麥麵的餄餎。」

合酪，是河北一帶農村的粗食名，用蕎麥等雜麵揉合後，由漏杓、擦牀或合酪車等炊具，壓成粗麵條狀，下入鍋內，與雜菜同煮食之，或另打鹵拌食之。今北方農村仍有此食物及吃法。合酪，又作合落兒、餄餎。元・王楨《農書》作「河漏」，云：「北方多磨蕎麥為麵，或作湯餅，謂之河漏。滑細如粉，亞於麥麵，風俗所尚，以供為常食。」魯東人通呼為「雜合子湯」。朱居易說是「餛飩之類的食品」，誤。

合噪

《太平樂府》卷六鄭光祖散套【駐馬聽近・秋閨】：「一點來不夠身軀小，響喉嚨針眼裏應難到。煎聒的離人，鬪來合噪。草蟲之中無你般薄劣把人焦。」

合噪，混鬧之意。或作合譟，如《新唐書・兵志》：「左右校擊鼓，二校之人，合譟而進。」則是齊聲喊叫之意。或作合造，如《董西廂》卷八【黃鍾宮・黃鶯兒】：「誑得紅娘，忙扯著道：『休廝合造，您兩箇死後不爭，怎結

果這禿屌？』」或作合燥，同書同卷【大石調・伊州哀】：「鄭恒打慘道：『把如吃恁摧殘，廝合燥，不出衙門，覓箇身亡卻是了。』」或作合喤，如宋元戲文《崔鶯鶯西廂記》【鬧樊樓】：「鶯鶯畔滴溜溜敗葉兒飄，響當當風鈴兒鬭合喤。」

　　按：譟，通噪；造、燥、喤，俱為噪的同音借用字。

合子錢

　　《東堂老》一【么篇】白：「止有這一所宅子，還賣的五六百錠；等我賣了做本錢，您孩兒各扎邦便覓個合子錢。」

　　同劇三【蔓青菜】白：「如今我要做買賣，無本錢，我各扎邦便覓合子錢。」明・沈君庸《簪花髻》〔倘秀才〕白：「我拿你的詩字去，拾禮邦地覓個合子錢。」

　　對本利息叫合子錢。本錢為母，利息為子，合子，即本利相侔（等）之意。明・董穀《碧里雜存》卷上「沈萬三秀」條：「太祖高皇帝嘗於月朔召秀，以洪武錢一文與之曰：煩汝為我生利，只以一月為期。初二日起至三十日止，每日取一對合。」「對合」即「合子錢」。《醒世姻緣》第三十三回：「叫木匠合了棺材，賣與小戶貧家殯埋亡者，人說有合子利錢。」亦其一例。

何當

　　《存孝打虎》一【寄生草】：「單註著黃巢今日何當敗。」

　　《延安府》四【沉醉東風】：「則你那七禁令何當是你掌。」

　　何當，猶合當，應該的意思。北音讀合作何。《竇娥冤》四【得勝令】：「那廝亂綱常當合敗。」此「當合」為倒裝語，「當合敗」即合當敗，與《存孝打虎》例，句意正同，可證。

　　「何當」一詞，很早就有。北朝樂府民歌《紫騮馬歌》：「一去數千里，何當還故處？」李益《竹窗聞風寄苗發、司空曙》詩：「何當一入幌，為拂綠琴埃？」李商隱《夜雨寄北》詩：「何當共剪西窗燭，卻話巴山夜雨時？」以上「何當」，猶言何時當如此也。指時間而言，與所舉元曲各例意有別。

和會

《玉鏡臺》四、白：「專請學生同夫人赴席，筵宴中間則教他兩口兒和會。」

《澠池會》楔【賞花時】白：「若相如言詞和會，某去陪話；若他有害吾之心，某別有計較。」

《兒女團圓》一【油葫蘆】：「則要您便歡歡喜喜相和會，不要你那般悲悲戚戚鬧爭氣。」

《鴛鴦被》四【清江引】：「想人生百年能有幾，要博個開顏日，父子共團圓，夫婦重和會，這便是出尋常天大的喜。」

《太平樂府》卷八朱庭玉散套【一枝花·妓門庭】：「摑就的姨夫每廝和會。」

和會，謂和好。此語古已有之，如：《書·康誥》：「周公初基，作新大邑於東國洛，四方民大和會。」《漢書·王莽傳》：「諸生庶民大和會。」皆其例。

和哄

和鬨　和

《來生債》一【幺篇】白：「爹！我那裏是快活？你省的古墓裏搖鈴，則是和哄我那死屍哩！」

《太平樂府》卷七關漢卿散套【青杏子·離情】：「與狂朋怪友尋花柳，時復間和哄消愁，對著浪蕊浮花懶回首。」

同書卷六顧君澤散套【點絳唇·四友爭春】：「桑柴弓懸臂間，紙糊鍬逼手中，每日價干和鬨。」

《西廂記》二本三折【喬牌兒】：「黑閣落甜話兒將人和，請將來著人不快活。」

和哄，簡作和，意謂哄騙。蓋因「和哄」連文，乃哄字長讀，遂成和哄。連用既久，和字便也含有哄的意思。哄，或作鬨，哄讀上聲，鬨呼去聲，音近借用。宋元戲文《王祥臥冰》【紅林檎】：「剛㳬酒，捹飲三杯五琖，和哄離愁。」明·湯顯祖《牡丹亭·鬧場》：「甚春歸無端廝和哄，霧和煙兩下玲瓏。」清·洪昇《長生殿·倖恩》：「怪青鸞把人和哄，尋思萬種。」以上皆

其例也。《詞林摘艷》卷一無名氏小令《羅江怨》【閨情】:「懨懨病漸濃,誰
來和鬨?春思夏想秋又冬,滿懷愁悶訴與天公。」此「和鬨」意為安慰、溫
存,實亦為前意的引申。今湖北方言尚有此用法。

「和哄」、「和鬨」,也有歡鬨之意,例如:明傳奇《孝子尋親》十八【排
歌】:「廝和哄,一齊拚卻醉顏紅。」《古今小說·韓五賣春情》:「只見幾個
隣人都來和哄道:『吳小官人,恭喜!恭喜!』」《水滸》第二十六回:「何
九叔收藏了,也來齋堂裏和鬨了一回。」《水滸全傳》第七十二回:「燕青
立在邊頭,和鬨取笑。」在這裏,哄,讀去聲,同「鬨」。也作和烘,意為
勸說、排解,如《警世通言·三現身包龍圖斷冤》:「眾人和烘孫押司去了。」

和和飯

和和

《村樂堂》三【幺篇】白:「著你娘做些酷累來,又是和和飯來。」

《雍熙樂府》卷六散套【粉蝶兒·慳客】:「早飯白粥纔飡過,到晚
來又插和和。」

同上:「饅頭皮晒作醬,黃葉餡兒插和和。」

《詞林摘艷》卷一劉庭信小令【醉太平·憶舊】:「近新來貧病兩相
磨,怎生般柰何!白肉面番做了糠磨磨,軟羊羹變做了虀和和。」

和和飯,古時農民所煮的雜菜羹飯。又作和和,意同。舊時,農村裏用
極粗劣麵粉作糊充饑,這種食品叫做「糊糊」(hù·hu),與「和和飯」相類
似。和、糊,雙聲。

荷包

荷包兒　合包

《黃梁夢》一【後庭花】白:「我十年苦志,一舉成名,是荷包裏東西。」

《舉案齊眉》一【勝葫蘆】白:「這馬舍的官,是他荷包兒裏盛著的。」

《飛刀對箭》二、白:「荷包裏取出針和線,我便雙線縫箇住。」

《隔江鬥智》楔【仙呂賞花時】白:「俺兩個怎麼肯放?把守的似荷
包口兒緊緊的。」

　　荷包，是隨身佩帶的小口袋，裝錢物用。清·瞿灝《通俗編》引歐陽修啓，有「紫荷垂橐」之語，疑即元雜劇中所說的荷包。到清代，官場及婚禮中也有用此物的。近代民間仍用此物，後來把衣服上的口袋也叫做荷包，名同而形異。孟元老《東京夢華錄》卷二云：「諸般蜜煎香藥，……果，更外買頓羊諸色包子、豬羊荷包……每分不過十五錢。」是把「荷包」作食物名，與此義有別。

喝采

喝倸

　　《董西廂》卷五【中呂調·木蘭花】：「不知寫著甚來，讀罷稿幾回喝采。」

　　《劉知遠諸宮調》一【般涉調·尾】：「滿務中人皆喝采。」

　　《西廂記》五本三折【收尾】：「佳人有意郎君俊，我待不喝采其實怎忍。」

　　《冤家債主》一【天下樂】：「做爹的道不才，做娘的早喝采，慣的這廝千自由百自在。」

　　《獨角牛》二【尾聲】：「我著他渾花兒可兀的大喝聲倸。」

　　《陳州糶米》楔、白：「我這一去冰清玉潔，幹事回還，管著你們喝倸也。」

　　《隔江鬥智》四【太平令】：「這一場佈擺喝倸，是誰的手策？呀！保護得荊州安泰。」

　　喝采，又作喝倸。原指賭博希望得彩時，大聲呼喝，以助其勢，謂之「喝彩」。宋·張端義《貴耳集》卷下云：「市井呼盧，盧，四也。博徒索采曰『四』、『紅』、『赤』、『緋』，皆一般色也。俗說唐明皇與貴妃喝采，若成『盧』，即賜『緋』之義。」後來就演變爲大聲贊美或祝賀成功之詞。如清·瞿灝《通俗編·言笑喝彩》：「陸游詩：『酒酣博塞爲歡娛，信手梟盧喝成采。』《五燈會元》：龍興、洪諲二師，俱有雙陸盤中不喝彩語。」元·馬臻《西湖春日壯游即事》詩云：「新腔翻得梨園譜，喜入王孫喝采聲。」元曲中「喝采」一詞，義多類此。後來於劇場中往往用之。

喝道

《冤家債主》二、詩云：「駿馬慢乘騎，兩行公吏隨；街前休喝道，
跟我探親知。」

《馮玉蘭》二、白：「傳語前驅休喝道，恐驚林外野人家。」

《張協狀元》廿七【福馬郎】：「十里小紅樓，人爭看喝道狀元來。」

道，通「導」，「喝道」，猶「呵導」。舊時達官、貴人出行，儀衛前列呵
喝，以禁止行人曰喝道。李商隱《雜纂‧殺風景》：「松間喝道。」韓愈《飲
城南道邊古墓上》詩：「為逢桃樹相料理，不覺中丞喝道來。」注：「喝道，
自古有之，即孟子所謂行辟人也。」晉‧崔豹《古今注‧輿服》云：「兩漢，
京兆、河南尹，及執金吾、司隸校尉，皆使人導引傳呼，使行者止、坐者起。」
即喝道也。《新唐書‧鄭畋傳》「故時，宰相騶哄聯數坊，呵止行人。」此亦
指喝道也。清‧袁枚《隨園隨筆》九：「官府行街有呵喊聲，謂之喝道。」

喝攛廂

喝攛箱　報攛箱

《竇娥冤》二【隔尾】白：「今日升廳坐衙，左右，喝攛廂。」

《救風塵》四【落梅花】白：「張千，喝攛箱。」

《殺狗勸夫》四【醉春風】白：「祗候人那裏？與我喝攛箱者。」

《魔合羅》三【商調集賢賓】：「則聽的鼕鼕傳擊鼓，偌偌報攛箱。」

喝，謂吆喝（高聲吶喊）；攛，謂移動和開啟；廂（箱），是宋元時官府
在衙門前放置的投狀詞的箱子。官員開庭處理案件時，祗從站立兩傍，高聲
吶喊：「在衙人馬平安，抬書案！」同時從箱中取出狀詞，呈交官員。這個
儀式，叫攛箱。祗從喏喏的喊堂威，叫喝攛廂或報攛箱。元‧楊瑀《山居新
語》說：「桑哥丞相當國擅權之時，……都省告狀攛箱，乃暗令人作一狀投
之箱中，至午收狀，當日省掾須一一讀而分揀之。」

黑甜

黑甜甜　黑甜鄉　黑甜濃

《陳摶高臥》一【金盞兒】：「我睡呵黑甜甜倒身如酒醉，忽嘍嘍酣
睡似雷眠。」

同劇四【雙調新水令】：「笑他滿朝朱紫貴，怎如我一枕黑甜鄉？」

《貶黃州》二【三煞】：「黑甜一枕睡，燈火對愁眠。」

《七里灘》三【尾】：「俺出家的納被蒙頭，黑甜一枕，直睡到紅日三竿，猶兀自喚不的我醒。」

《太平樂府》卷四王敬甫小令【上小樓・自適】：「黑甜濃坦腹眠，清涼風拂面吹。」

《樂府群珠》卷三失名小令【金盆沐髮・雲窗秋夢】：「幾番幽會，所事和諧，黑甜處繡衾溫神遊陸海，覺來時篆香消月轉瑤階。」

黑甜，謂熟睡、酣睡。蘇軾《發廣州》詩：「三杯頓飽後，一杯黑甜餘。」自注：「俗謂睡為黑甜。」陸游《初秋小疾效俳諧體》詩：「遣悶憑清聖，忘情付黑甜。」世因稱睡中之境界為黑甜鄉。宋・吳處厚《青箱雜記》則謂：「北人以晝寢為黑甜。」黑甜甜，是黑甜的重言；黑甜濃，是黑甜的加重渲染。總之，「黑甜」一詞，演化雖多，去其妝飾，仍不失黑甜原意。

黑煞

黑殺神

《董西廂》卷二【般涉調・麻婆子】：「亂軍都來半萬餘，便做天蓬黑煞般盡刁厥。」

《單鞭奪槊》四【出隊子】詩云：「若非真武臨凡世，便應黑煞下天臺。」

《西遊記》六本二十三齣【幺】：「護法金剛，黑煞天王，沙場之上，展土開疆。」

《衣襖車》三【醋葫蘆】：「一箇在河道東，一箇在臨路西，都不曾答話便相持，卻便似黑殺神撞著個霹靂鬼。」

黑煞，或作黑殺神，迷信傳說中的兇神。

黑頭蟲

黑頭蟲兒

《趙氏孤兒》二【牧羊關】：「那裏是有血腥的白衣相，則是箇無恩念的黑頭蟲。」

《玉粲登樓》二【滾繡毬】白：「大王，久以後不得第便罷，若得第時，一時間顧盼不到，他便道：『黑頭蟲兒不中救，俺也曾賫發你來。』」

《小尉遲》一【後庭花】：「我道你是頂天立地的男兒漢，怎做的背祖離宗的牛馬風？可不罵你個黑頭蟲！」

《詞林摘艷》卷七王元鼎散套【河西後庭花・走將來涎涎鄧鄧冷眼兒睄】：「泥中刺，綿裏針，黑頭蟲，黃口鷯。」

　　黑頭蟲，一作黑頭蟲兒；兒，語尾。據民間傳說，黑頭蟲和黃口鷯，都是吃父母的蟲鳥，因用來比喻忘恩負義（據朱居易《元劇俗語方言釋例》）。又，《太平廣記》卷四七七「法通」條，載：「……今蝗蟲首有王字，固自可曉。或言魚子變，近之矣。舊言蟲食穀者，部吏所致，侵漁百姓，則蟲食穀。蟲身黑頭赤，武官也；頭黑身赤，儒吏也。」按，此言官吏貪污殘暴，則蟲身（頭）黑食穀；黑頭蟲與官吏大有關連，民間傳說遂用以譏寓官吏，當有可能。錄之備參。

黑閣落

閣落　角子

《玉鏡臺》四【豆葉黃】：「你在黑閣落裏欺你男兒。」

《薦福碑》一【鵲踏枝】：「我左右來無一個去處，天也！則索閣落裏韞匵藏諸。」

《西廂記》二本三折【喬牌兒】：「老夫轉關兒沒定奪，啞謎兒怎猜破，黑閣落甜話將人和，請將來著人不快活。」

《硃砂擔》一【金盞兒】白：「那壁角子裏有人說話。」

　　黑閣落，又作閣落、角子。宋・洪邁《容齋隨筆》卷十六「切腳語」條：「角為仡落。」「仡落」即「閣落」也。《東坡集・大慧真讚》：「壁角落頭。」角落亦即閣落。王伯良注《西廂》曰：「黑閣落，北人鄉語，謂屋角暗處，今猶以屋角為閣落子。」其實，從廣義言之，凡偏僻背人之處都可以稱為閣落，例如：《張協狀元》戲文：「老漢然雖是村肐落裏人，稍通得些個人事。」《金瓶梅》第二十一回：「我在這背哈剌子誰曉得？」等等，皆屬之。現在北方口語中還用，一般寫作「旮旯（gā lá）」。肐落、哈剌（子）均一聲之轉。

又作「搭剌子」如：《金瓶梅》第七回：「我替你老人家說成這親事，指望典兩間房兒住，強如住在北邊那搭剌子裏。」或作「僻格剌子」，如《金瓶梅》第三十七回：「到明日，房子也替你尋得一所，強如在這僻格剌子裏。」

又，閣落為實體詞，與兀剌、支剌等虛詞不同。王季思注《西廂》曰：「閣落，助詞，與支剌、兀剌等詞同例。」誤。

黑鼾鼾

黑嘍嘍　黑婁婁　鼾（鼾）嘍嘍　忽嘍嘍　喝嘍嘍　哈嚕嚕

黑鼾鼾，或作黑嘍嘍、黑婁婁、鼾（鼾）嘍嘍、忽嘍嘍、喝嘍嘍、哈嚕嚕用作象聲詞，形容打鼾聲或唾液在喉嚨內打轉聲。

（一）

《望江亭》三【調笑令】：「相公船兒上黑鼾鼾的熟睡些。」

《誶范叔》一【金盞兒】：「您幾時學得俺鼾嘍嘍一枕雞頭叫？」

《陳摶高臥》一【金盞兒】：「我睡呵黑甜甜倒身如酒醉，忽嘍嘍酣睡似雷鳴。」

《金錢記》一【混江龍】：「晉謝安黑嘍嘍盹睡在葫蘆架。」

《殺狗勸夫》二【伴讀書】：「黑嘍嘍是誰人帶酒醺醺醉？」

以上「黑鼾鼾」、「黑嘍嘍」、「鼾嘍嘍」、「忽嘍嘍」，音近意同，都是形容酣睡時打呼嚕的聲音。

（二）

《忍字記》一【河西後庭花】：「只見鼾嘍嘍的冷涎潮，他可早血流出七竅，冷冰冰的僵了手腳。」

《羅李郎》二【紅芍藥】：「定奴兒痛哭號咷，受春兒不住把魂招，哎！黑婁婁那一口涎潮。」

《鐵拐李》二【煞尾】：「黑婁婁潮上涎，鐵屑屑手腕軟，直挺挺腿怎拳？」（元刊本作「哈嚕嚕」）

《謝金吾》二【罵玉郎】：「則聽的喝嘍嘍口內潮涎唾，我與你搖臂膊，揪耳聯，高聲和。」

以上「觳嘍嘍」、「黑婁婁」、「喝嘍嘍」、「哈嚕嚕」，都是形容人處垂危，痰液在喉內打轉難以吐出的聲音。

狠不狠

《柳毅傳書》三【後庭花】：「你見他狠不狠，他從來恩不恩。」

狠不狠，即狠意，猶如：連不連，即連意；窮不窮，即窮意等，用「不」字是爲加重語氣，以反語見意。這是元曲的修辭特點之一。

恨不恨

《破窰記》三【醉春風】：「恨不恨買臣妻，學不學卓氏女。」

恨不恨，即恨意，用「不」字是爲加重語氣，以反語見意。可參見「狠不狠」、「緊不緊」、「窘不窘」等條。

橫 (héng) 枝

橫枝兒

橫枝兒，約有以下三意：一、謂局外人、不相干者；二、謂無端、無緣無故；三、喻是非。

（一）

《陳摶高臥》二【烏夜啼】：「幸然法正天心順，索甚我橫枝兒治國安民？」

《西廂記》二本一折【賺煞】：「諸僧眾各逃生，眾家眷誰俺問，這生不相識，橫枝兒著緊。」

《貶夜郎》一【幺】：「聖朝帝王合興旺，教這廝橫枝兒燮理陰陽。」

《兒女團圓》三【梧葉兒】：「他是不覷事的喬男女，你便橫枝兒待犯些口舌。」

以上各例，橫枝兒，謂旁出，非正出也，比喻局外。蘇軾《參玉版偈》：「叢林眞百丈，法嗣有橫枝。」宋·道原《傳燈錄》卷三：「和尚化後，橫出一枝佛法。」又云：「若從七佛至此璨大師，不括橫枝，凡三十七世。」《元典章》：「至元二十五年，奏過：秀才但與地稅，其餘橫枝兒雜泛差發，休與者。」皆其意也。引申爲無親無故、不相干的人，故王伯良注《西廂》

曰：「橫枝，非正枝也。非親非故，乃曰我能退兵，是所謂橫枝兒著緊也。」
其它各例皆類此。

（二）

《謝天香》二【梁州第七】：「怎當那橫枝羅惹，不許隄防。」

《陽春白雪》前集四、無名氏小令【紅繡鞋】：「結斜裏焦天撇地，
橫枝兒苫眼鋪眉。」

《樂府群珠》卷二無名氏小令【玉嬌枝・閨情】：「夫人利害，獨佔
了春情豔色。橫枝兒焦撇胡捏怪，把丫頭每緊妬猜。」

以上所舉「橫枝兒」，用作副詞，謂無端、無緣無故也。

（三）

《麗春堂》四【金字經】：「到曉光，到曉光，便道他不斷腸，又被
這家私上，橫枝兒有一萬樁。」

《盛世新聲》【雙調五供養・窮客程】：「冷落孤悰誰問當，誰問當？
那一日不斷腸，誰承望橫枝一萬樁？」

以上各例，比喻是非。

橫（hèng）死

橫死眼

《調風月》三【調笑令】：「這廝短命，沒前程，做得箇輕人還自輕，
橫死口裏栽排定。」

《蝴蝶夢》四【駐馬聽】：「想著你報怨心懷，和那橫死爺相逢在分
界牌。」

《西廂記》五本三折【麻郎兒】：「橫死眼不識好人，招禍口不知分
寸。」

《對玉梳》二【黃鍾煞】：「橫死眼如何有個分豁！噴蛆口知他怎生
發落！」

橫死，死於非命，不得善終，謂之橫死，即俗云「不得好死」之意。《宋
書・柳元景傳》：「世祖崩，義恭、元景等並相謂曰：『今日始免橫死！』」唐・
王建《空城雀》詩：「報言黃口莫啾啾，長爾得成無橫死。」是也。或作橫

—556—

死眼，即死人眼，謂有眼無珠，不識好歹也。舊時用作罵人語。蓋由「橫死」
一詞引申而來。

轟的

烘地　烘的　哄的

《羅李郎》三【牧羊關】：「我澀的難行立，轟的則待倒。」

《紫雲庭》三【快活三】：「無明火怎收撮，摑打會看如何，則教烘
地半晌口難合，不覺我這身起是多來大。」

《對玉梳》一【混江龍】：「和他笑一笑，敢忽的軟了四肢，將他靠
一靠，管烘的走了三魂。」

《雲窗夢》三【幺篇】：「想起那心上人，月下情，空教我兜的鼻酸，
哄的臉暈，札的心疼。」

《硃砂擔》一【金盞兒】：「諕的我騰的撇了撞盞，哄的丟了魂靈。」

轟的，用作副詞，謂忽的；轟，或作烘、哄，均爲「忽」的音轉。的、
地，語尾助詞，音義同。《對玉梳》例，「烘的」與「忽的」互文，其意益顯。

紅牙

《風光好》一【醉中天】：「他教莫把瑤箏按，只許鳳簫閒，他道是
何用霓裳翠袖彎，更休撒紅牙板。」

《太平樂府》卷九楊立齋散套【般涉調哨遍】：「鑼敲月面，板撒紅牙。」

《樂府群珠》卷三趙文寶小令《折桂令・西湖》：「盃泛流霞，板撒
紅牙。」

同書同卷孫周卿小令【折桂令・自樂】：「款擊紅牙，低歌玉樹。」

同書卷四張小山小令【迎仙客・春日湖上】：「舞絳紗，扣紅牙，耳
邊人人催上馬。」

紅牙，指調節樂器的拍板和牙板，以檀木製成，色紅，故名。唐・王翰
《吹策圖》詩：「吹到涼州移別調，君王親爲按紅牙。」宋・辛棄疾《稼軒詞》
【滿江紅】：「佳麗地，文章伯，紅牙拍。」元・陸友仁《硯北雜志》卷下：「（趙
子固）歌古樂府，自執紅牙以節曲。」也泛指檀木所製的樂器。《宋史・吳越

錢氏世家》：「銀飾箜篌、方響、羯鼓各四，紅牙樂器二十二事。」上舉元曲
各例，均屬前義。

紅定

《救風塵》四【雙調新水令】白：「你受我的紅定來。」

《秋胡戲妻》二、白：「等他接了紅定，我便牽羊擔酒，隨後來也。」
又白：「我將這紅定先去也。」

《鴛鴦被》三【耍三台】：「當初也無紅定無媒證。」

紅定，男方向女方定親時用的紅絹禮物，叫做紅定。這種禮俗，是從古
代男家送女方禮物擔子上纏的花紅（謂之「繳擔紅」）沿襲下來的。宋·孟元
老《東京夢華錄》卷五「娶婦」條：「凡娶媳婦，先起草帖子，兩家允許，然
後起細帖子。……次擔許口酒，以絡盛酒瓶，裝以大花八朵，羅絹生色或銀
勝八枚，又以花紅繳擔上，謂之繳擔紅，與女家。」此即肯酒、紅定之謂。
今豫北尙通行此語。

紅曲連

《太平樂府》卷九睢景臣散套【般涉調哨遍·高祖還鄉】：「一面旗
紅曲連打著個畢月烏。」

紅曲連，謂紅色的圈，指太陽。「圈」是「曲連」的合音。「紅曲連打著
個畢月烏」，指日旗，日中畫烏，表明是二十八宿旗中的畢宿旗。「紅曲連」
屬於「切腳語」，宋·洪邁《容齋三筆》云：「世人語音有以切腳而稱者，亦
間見之於書史中。如以蓬爲『勃龍』，鐸爲『突落』，叵爲『不可』，團爲『突
欒』，鉦爲『丁寧』，頂爲『滴顁』，角爲『矻落』。蒲爲『勃盧』，精爲『即
零』，螳爲『突郎』，諸爲『之乎』，旁爲『步廊』，茨爲『蒺藜』，圈爲『屈
欒』，錮爲『骨露』，窠爲『窟駝』是也。」按：屈欒即曲連也。

紅丟丟

紅彪彪　紅颩颩

《韓翠蘋御水流紅葉》【古鮑老】：「我這裏探身在岸口，將紅丟丟葉
兒綽在手。」（亦見《詞林摘艷》卷六。）

《董西廂》卷二【仙呂調・風吹荷葉】：「紅彪彪地戴一頂紗巾。」

同書同卷【仙呂調・一斛叉】：「上至頂門紅颩颩，事急怎生捱？」

《對玉梳》二【滾繡毬】：「染人血淚的溝岸，紅颩颩楓花落。」

紅丟丟，即紅色。丟丟，狀紅的副詞。明・梁佐刊本楊愼《丹鉛總錄》：
「早霞紅丟丟，晌午雨瀏瀏；晚霞紅丟丟，早晨大日頭。」丟丟，或作彪彪、
颩颩，意並同。

後

后

「後」字的主要意義：一、用作語助詞，猶今之呵、啊或了；二、指時
間；三、爲「貼」字的形誤；四、指稱謂。

（一）

《劉知遠諸宮調》十一【般涉調・麻婆子】：「有印後爲安撫，無印
後怎結末？」

《董西廂》卷一【高平調・木蘭花】：「說謊後，小人圖甚麼？」

同書卷二【正宮・甘草子】：「不來後是咱家眾生采；來後，怎當待？」

同書卷五【黃鍾宮・雙聲疊韻】：「多應是爲我後，恁地細思憶。」

《金鳳釵》四【沉醉東風】：「有我後，把你覷當；沒我後，人輕視。」

《紫雲庭》三【鬪鵪鶉】：「咱若是跎漢呵，由他；搵著那覓錢後，
在我。」

《趙氏孤兒》三【鴛鴦煞】：「我七旬死後，偏何老？這孩兒一歲死
後，偏知小。」

《樂府新聲》下、馬致遠小令【四塊玉・嘆世】：「二頃田，一具牛，
飽后休。」

又：「幾葉棉，一片綢，暖后休。」

上舉諸例，「後」均作助詞，表示語氣間歇，相當於現代漢語的呵、啊
或了，無義。前七例「後」字均可解作呵、啊。後二例，解作呵或了均通，
而以「了」字最爲貼切。這種用法，可上溯到唐五代，如：唐・白居易《贈

王山人》詩：「夜後不聞龜喘息，秋來唯長鶴精神。」「後」、「來」互文爲義。五代·如王周《問春》詩：「把酒問春因底意，爲誰來後爲誰歸？」宋·黃庭堅【好女兒】詞：「假饒來後，教人見了，卻去何妨？」此兩例「後」都是呵、啊的意思。兩「來後」都是「來呵」的意思。

（二）

《拜月亭》一【金盞兒】：「怕不問時，權做弟兄；問著後，道做夫妻。」

同劇二【三煞】：「怕你大贖藥時準備春衫當，探食後隄防百物傷。」

《西蜀夢》二【一枝花】：「早晨間占易理，夜後觀乾象。」

同劇同折【賀新郎】：「白晝間頻作念，到晚後越思量，方信道夢是心頭想。」

以上「後」字，指時間。各例「後」字均與時間互文，可證，不能解作語助詞。

（三）

戲文《張協狀元》二十七【鬥蛇蔴】：「〔丑白：〕孩兒且放心者，它那裏去受差遣，爹爹乞判此一州，不到不對付得張協。〔外：〕我兒休要意沉吟。〔丑：〕這段因緣抵萬金。〔后：〕好似和鉤吞卻線。〔合：〕刺人腸肚繫人心。」

同劇四十二【薄倖】：〔後假裝野芳出唱：〕

同劇四十五【桃紅菊】：「〔丑：〕只教養娘扶出來看便了。〔外：〕野芳，你去扶它出來。〔後：〕野芳便去，活脫似勝花娘子！〔外、丑：〕生得如何？〔後：〕一似臨溪雙月浦，對月兩姮娥。〔後下。〕……〔後扶旦出唱：〕……」

同劇四十九【一枝花】：「〔後淨出合：〕穿紅度綠，折朵奇葩帶，奇葩帶。」

上舉各「後」、「后」，爲「貼」字之誤。因「貼」字在鈔本中常省作占，近代曲本猶然。占與「后」字形近，遂一誤爲后，后與後通，再誤爲後。（採錢南揚說）。按貼爲戲劇角色行當；次要的旦角，稱貼旦，簡稱貼。明·徐渭《南詞敍錄》曰：「貼，旦之外，貼一旦也。」參見「貼旦」條。

－560－

（四）

《馬陵道》四、白：「至齊康公薨而無後，立我父王，稱爲齊威王者是也。」

《村樂堂》二【烏夜啼】白：「我有些怕後，打了箇白鼻兒。」

上舉之例，用作稱謂詞：例一指子；例二指妻。《詩・大雅・瞻卬》：「式救爾後。」《左傳》桓公二年：「臧孫達其有後於魯乎？」因知稱子爲「後」，由來已久。

後槽

《襄陽會》二【越調鬪鵪鶉】：「入的這館驛儀門，遠著這虛簷澀道，又則怕遇著眾人，撞著後槽。」

《生金閣》一【賺煞】白：「那郭城掔的去，鎖在後槽亭柱上哩。」

同上：「還要分付後槽，將這廝收的好者，不要等他溜了。」

《村樂堂》二、白：「酒家是箇關西漢，岐州鳳翔府人氏，在這薊州當身役，與這同知相公做著箇後槽，喂著一塊子馬，一塊子好馬也呵！」

後槽，指養馬的地方，如例二；引申作馬夫，如其它各例。《水滸》第三十一回：「武松在馬院邊伏著，聽得那後槽卻在衙裏，未曾出來。正看之間，只見呀地角門開，後槽提著個燈籠出來。……那後槽上了草料，掛起燈籠，鋪開被臥，脫了衣裳，上床便睡。」初刻《拍案驚奇・錢多處白丁橫帶》：「彥思見後槽有官給的工資，……遂得補充健兒，爲牧守圉人。」皆其例。

後堯婆

堯婆

《蝴蝶夢》二【牧羊關】：「不爭著前家兒償了命，顯得後堯婆忒心毒。」

《酷寒亭》三【賀新郎】：「前家兒招了個後堯婆；小媳婦近日成親，大渾家新來亡過。題名兒罵了孜孜的唾，罵那無正事頹唆，則待折損殺業種孤撮。」

同劇三【紅芍藥】：「道偷了米麵把竇封合，掬的些冷飯兒，又被堯婆擘手把碗來奪。」

《灰闌記》四【掛玉鈎】：「孩兒也，這臂膊似麻稭細，他是個無情分堯婆管甚的，你可怎生來參不透其中意？」

《介子推》二【梁州】：「前家兒功番成罪壘，後堯婆恩變爲仇。」

同上：「送的個前家兒惹罪遭殃，搬得個親夫主出乖弄醜，都是後堯婆私事公仇。」

《還牢末》二【柳葉兒】：「這都是後堯婆兇惡，把孩兒打拷搣揉。」

《合同文字》四【鴈兒落】：「穩放著後堯婆在一壁，急的那李社長難支對。」

後堯婆，或作堯婆。上舉一、二、三、五各例，是從前家兒女角度而言，意指繼母；六、七、八各例，是從其丈夫角度而言，意指後妻。其中例四《灰闌記》中的堯婆是馬員外的大渾家，後娶的是小婦張海棠，張所生的小廝兒，不能稱呼馬的大渾家爲繼母，故這裏的堯婆，只能說是非生身母。

後堯婆，又作後姚婆，姚、堯同音通用。近人趙景深所輯《元人雜劇鈎沈》中收有一殘劇《女學生三難後姚婆》；明·朱有燉《繼母大賢》劇中，亦作後姚婆。顧隨云：「姚婆，或作堯婆，繼母也，元曲中常見之。」（轉引自《元人雜劇鈎沈》。）按，顧隨謂「堯婆」只指繼母，尚欠全面。

堠子（hòu·zi）

《瀟湘雨》二【南呂一枝花】：「恨不能五六里安個堠子。」

《羅李郎》三【商調集賢賓】：「出陳州五里巴堠子，無明夜到京師。」

《對玉梳》三【中呂粉蝶兒】：「盼郵亭巴堠子，一步捱一步。」

堠子，謂瞭望敵情的土堡。《北周書·韋孝寬傳》：「一里置一土堠」，唐·殷堯蕃《旅行》：「堠長堆短逢官馬，山北山南聞鷓鴣。」所以記里程也。宋·范成大《醴陵驛》詩：「乍脫泥中滑，還嗟堠子長。」明·沈自徵《鞭歌姬》【步步嬌】白：「前面有一箇望竿兒一裊一裊的風颭著旗，想是抹得巴堠子著也。」用意同。

忽的（hū·de）

忽地　忽剌的　忽剌地

《董西廂》卷二【仙呂調·一斛叉】：「亂軍雖然眾，望見僧人忽地開。」

《金線池》三【普天樂】：「說甚麼人歡慶，引得些鴛鴦兒交頸和鳴；忽的見了，慍的面赤，兜的心疼。」

《單鞭奪槊》四【刮地風】：「忽地將鋼鞭疾轉，骨碌碌怪眼睜圓。」

《麗春堂》一【勝葫蘆】：「忽的呵弓開秋月，撲的呵箭飛金電，脫的呵馬過似飛熊。」

《氣英布》四【刮地風】：「兩匹馬，兩員將，有如星注。那一箇使火尖鎗，正是他楚項羽，忽的呵早刺著胸脯。」

《貶夜郎》一【混江龍】：「忽地眼皮開放，似一竿風外酒旗忙。」

《詞林摘艷》卷十無名氏散套【鬪鵪鶉‧香篆簾櫳】：「不覺的昏沉沉墜金烏，忽剌的碧澄澄起蟾蜍。」

《樂府群珠》卷二失名【南呂小令‧題情】：「猛可裏分散鶯燕，忽剌地打散鴛鴦。」

　　忽的，或作忽地、忽剌的、忽剌地，意謂忽然的、突然的。劉淇《助字辨略》卷五：「忽，倏也。《漢書‧高帝紀》：『嫗因忽不見。』周密【鳳棲梧】詞：『忽地香來無覓處。』忽地，方言也。」唐‧王建《宮詞》：「忽地下階裙帶解，非時應得見君王。」敦煌變文《歡喜國王緣變文甲》：「忽地夫人氣色㿠。」據此知唐代已有此用法，的、地，語尾助詞，音義並同。忽的（地），長言之，則曰忽剌的（地）。

忽剌八

忽剌巴　忽喇叭

《金安壽》三【望遠行】：「搕搕搋扯碎俺姻緣簿，忽剌八掘斷俺前程路。」

《雲窗夢》三【俏遍】：「忽剌八夢斷碧天涯。」

《詞林摘艷》卷五、商政叔散套【新水令‧彩雲聲斷紫鸞簫】：「忽剌巴地北天南，抵多少水遠山遙。」

同書卷九無名氏散套【醉花陰‧風擺青青送行柳】：「忽喇叭面北眉南山盡醜。」

　　忽剌八，蒙古語，意謂突然、憑空。明‧沈榜《宛署雜記》十七：「倉卒曰忽喇叭。」又作忽剌巴、忽喇叭。《華夷譯語》譯作「忽兒八」。《紅樓

夢》第十六回作「忽剌巴兒」，如云：「忽剌巴兒打發個屋裏人來，原來是你這蹄子鬧鬼！」或作虎辣八、虎拉巴，前者如《醒世因緣》第四十五回：「當時……這燒酒是聞也不聞，他虎辣八的從前日只待吃燒酒合白雞蛋哩。」後者如《三俠五義》第十五回：「這些年也沒見你老人家說有兒子，今兒虎拉巴的又告起兒子來了。」

囫圇（hú lún）

胡倫　渾淪　胡闌

《青衫淚》三【梅花酒】：「那單俫正昏睡，囫圇課你拿只，江茶引我攙起。」

《燕青博魚》二【醉扶歸】：「把我這設口樣囫圇的淺盆，可早是打一條通長璺。」

《紫雲庭》三【四煞】：「俺娘則是個敲郎君置過活，他這幾年間衡賺下胡倫課。」

《對玉梳》一【勝葫蘆】：「若早知你這般圈續，那般局段，急抽身不囫圇。」

《太平樂府》卷一趙顯宏小令【殿前歡·閑居】：「下長生不死碁，養三寸元陽氣，落一覺渾淪睡。」

同書卷二張小山【沉醉東風·氣毬】：「元氣初包混沌，皮囊自喜囫圇。」

同書卷九睢景臣散套【般涉調哨遍·高祖還鄉】：「一面旗白胡闌套住個迎霜兔。」

《雍熙樂府》卷四散套【八聲甘州·天寶遺事】：「剔胡倫公案全新。」

囫圇，又作胡倫、渾淪、胡闌，音同字異，意思是整個兒、混沌、圓、環，都是用來形容渾一、完整不缺的事物。唐·崔令欽《教坊記·補錄》：「任智方四女善歌，其中二姑子吐納悽惋，收斂渾淪。」渾淪者，謂歌聲圓潤也。宋·朱熹《與許順之書》：「今動不動便先說個本末，精粗無二致，正是鶻圇吞棗。」又《朱子語類·論語十六》：「道理也是一箇有條理的物事，不能囫圇一物，如老莊所謂恍忽者。」宋·道原《傳燈錄》：「僧問法眞，如何是無

縫塔？曰鶻崙甎。」清・查慎行《得樹樓雜鈔》:「吾鄉俗語，凡食物入口，不加咀嚼便下咽者，謂之鶻圇吞。」明・李實《蜀語》:「渾全曰囵圙。」鶻圇、鶻崙，音義俱同囵圙。語蓋出於《列子・天瑞》:「渾淪者，言萬物相渾淪而未相離也。」因之引申其義，常用以形容籠統含糊、糊塗馬虎，如上舉《對玉梳》等例。現在口語中，還有囵圙吞棗的說法。

胡伶

鶻伶　鶻鴒

胡伶，又作鶻伶、鶻鴒。原為形容眼睛明亮、靈活之詞；引申作聰明伶俐或舉動敏捷的形容詞。

（一）

《西廂記》一本二折【小梁州】:「胡伶淥老不尋常，偷睛望，眼挫兒裏抹張郎。」

《董西廂》卷一【仙呂調・尾】:「這一雙鶻鴒眼，須看了可憎底千萬，兀的般媚臉兒不曾見。」

《陳州糶米》一【青哥兒】:「若不沙，則我這雙兒鶻鴒也似眼中睛，應不瞑。」

鶻鴒，即隼（zhǔn），鳥名，似鷹而小。因牠的眼睛很明亮、銳利和靈活，故用以形容人的眼睛明亮、銳利和靈活。《金史・王鬱傳》:「字飛伯，大興人，儀狀魁奇，目光如鶻。」「鶻」者，鶻鴒之略稱。這也是以「鶻鴒」喻眼之一例。《西廂記》作「胡伶」，音義同。

（二）

《太平樂府》卷二王和卿小令【撥不斷・王大姐浴房內喫打】:「假胡伶，騁聰明，你本待洗腌臢，到惹得不乾淨。」

同書卷三張小山小令【柳營曲・明月樓】:「我志誠，你胡伶，一雙兒可人厖道撐。」

同書卷四宋方壺小令【紅繡鞋・閱世】:「懵懂的憐硙睡，鶻伶的惜惺惺。」

宋元戲文輯佚《張資鴛鴦燈》【前腔】:「你鶻鴒，我風流，兩情廝稱。」

胡伶，又作鶻伶、鶻鴒，引申爲聰明、伶俐之意。焦循《劇說》引《知新錄》釋《西廂》疑義云：「北詞伶俐謂之鶻伶，或作胡伶，或作鶻鴒。」又云：「鶻鴒二字，不專指眼，隨在可用。如宋方壺詞：『鶻伶惺惺惺』，王和卿詞：『假胡伶，騁聰明』是也。」今魯東語作「兀伶」，如云「眼兒兀伶手兒拙」、「心兒兀伶」、「口兒兀伶」，皆是。

（三）

《神奴兒》二【感皇恩】：「往常時似羊兒般軟善，端的似耍馬兒般胡伶。」

此「胡伶」，指舉動靈便、輕捷。《舊唐書·回紇傳》：「元和四年，遣使改爲迴鶻，意取迴旋輕捷如鶻也。」靈便、輕捷之義本此。

胡亂

《竇娥冤》四【喬牌兒】：「則見他疑心兒胡亂猜。」

《金鳳釵》三【鬭鵪鶉】：「大哥，店身裏胡亂睡一夜。」

《羅李郎》三【後庭花】：「把家私胡亂使。」

《對玉梳》二【滾繡毬】白：「孩兒，胡亂留下柳茂英，得些錢鈔，等咱做些盤纏。」

胡亂，謂隨便（如一、三例）、將就（如二、四例）。此語唐、宋已有之，如：敦煌變文《維摩詰經菩薩變文乙》：「胡亂莫能比並。」《朱子全書·學》：「如恃氣力，欲胡亂打人之類。」又云：「若是胡亂射將來，又學其法不得。」《水滸》第二十一回：「我女兒在家裏專望，押司胡亂溫顧了便了，直恁地下得。」《儒林外史》第四十一回：「沈瓊枝道：『胡亂做些罷了，見笑的緊。』」此語到現在仍通用。

胡牀（床）
交牀　交椅　校椅

《岳陽樓》一【金盞兒】：「我這裏據胡牀，望三湘，有黃鶴對舞仙童唱。」

《氣英布》四【竹枝兒】：「只怕他放二四，又做出那濯足據胡床。」

《魯齊郎》楔、白：「左右，接了馬者，將交牀來！」

《凍蘇秦》四【喜江南】白：「我是個秦國右丞相，怎麼搶我出去？我這裏坐不的一坐？陳用，將交牀來我坐！」

《漁樵記》三、白：「著兩個公吏人把老漢按在那栲栳圈銀交椅上。」

《看錢奴》三【逍遙樂】：「又見那校椅上頂戴著親娘。」

　　胡牀，或作交牀、交椅、校椅、繩床，是指有靠背能折疊的椅子。《世說新語・自新》：「（戴）淵在岸上據胡床指麾左右，皆得其宜。」宋・陶穀《清異錄・陳設門》云：「胡牀施轉關以交足，穿繃帶以容坐，轉縮須臾，重不數斤。」按此坐具，本來自少數民族，始名胡牀。據崔龜圖注《大業記》：「帝九月自北塞還東都，賜文武官各有差，改胡牀爲交牀。」宋・程大昌《演繁露》：「今之交牀，本自虜來，始名胡牀。桓伊（晉人）下馬據胡牀，取笛三弄是也。隋高祖意在忌胡，器物涉胡言者，咸令改之，乃改交牀。唐穆宗時，又名繩牀。」到了元代，胡牀、交牀、繩床等名稱，並存不廢。

胡餅

《西遊記》六本二十一齣【天下樂】白：「你且賣一百文胡餅來，我點了心呵，慢慢和你說經。」

《虬髯翁》一【寄生草】：「胡餅也充的俺饑。」

　　胡餅，即今之燒餅，見明・周祈《名義考》。《三國志・魏志・閻温傳》裴注引《魏略》云：（漢桓帝時）「（趙）息從父岐爲皮氏長，聞有家禍，因從官舍逃，走之河間，變姓字，又轉詣北海，著絮巾布袴，常於市中販胡餅。（孫）賓碩……因問之曰：『自有餅耶？販之耶？』岐曰：『販之』。賓碩曰：『買幾錢？賣幾錢？』岐曰：『買三十，賣亦三十。』……」是知燒餅漢末已有；因其製作之法出於胡地；或謂餅上著胡麻，故名胡餅。漢・劉熙《釋名・釋飲食》云：「胡餅，作之大漫沍也，亦言以胡麻著上也。」清・畢沅《釋名疏證》卷四「釋飲食」云：「此（漫沍）當作㒼胡，鄭注《周禮》鼈人云：『互物謂有甲，㒼胡，龜鼈之屬。』則㒼胡乃外甲兩面周圍蒙合之狀，胡餅之形似之。故取名也。」

胡拿（挐）

《梧桐雨》三【攪箏琶】：「早間把他哥哥壞了，總便有萬千不是，看寡人也合饒過他，一地胡拿。」

《西廂記》三本三折【攪箏琶】：「這其間性兒難按納，一地裏胡挐。」

胡拿（挐），謂胡鬧。今北語謂之胡抓沙。拿、鬧，一聲之轉。

胡梯

《東堂老》一【一半兒】白：「老兒去了也。哥，下了那分飯，臨散也，你把住那樓胡梯門；你便執壺，我便把盞，再吃個上馬的鍾兒。」

《黃鶴樓》三、白：「我把住這樓胡梯，有令箭的放下樓去，無令箭的，休想我放他下樓去。」

胡梯，謂登樓之階梯，亦稱扶梯，即上通閣子的扶梯。《警世通言·白娘子永鎮雷峰塔》：「只見青青手扶欄桿，腳踏胡梯，取下一個包兒來，遞與白娘子。」亦其一例。古音「h」的合口呼常與「v」相通轉；今湖南湘潭一帶猶讀虎爲俯，讀灰爲飛；故扶梯亦得稱爲胡梯也。

胡渀

搠渀　搠醃　槊渀　塑坌

《西廂記》二本楔子【滾繡毬】：「別的都僧不僧，俗不俗，女不女，男不男，則會齋的飽也則向那僧房中胡渀，那裏怕焚燒了兜率伽藍？」

《樂府群玉》卷二王曄小令【折桂令·問黃肇】：「蘇氏掂俫，雙生搠渀，你劃地粧孤。」

《雍熙樂府》卷三、散套【端正好·相憶】：「一任教燕呫鶯煎闇搠醃。」

《樂府群珠》卷二曾瑞卿小令【南呂小令·風情】：「風月貪婪，雲雨尷尬，你粧憨，咱槊渀，影羞慚。」

《樂府群玉》卷四王仲元小令《普天樂》：「樽前扮蠢，花間塑坌，席上粧憨。」

胡渀、搠渀、搠醃、槊渀、塑坌，意並同，即裝傻充愣之意。

胡纏

《風光好》四【哨徧】：「〔陶穀云：〕我那裏見你來？休得胡纏！」

《留鞋記》四【太平令】：「諕的我手腳兒驚驚戰戰，鬼魂靈怎敢胡纏？」

關漢卿小令【中呂普天樂・崔張十六事之十六】：「鄭恒杠自胡來纏，空落得惹禍招愆。」

《盛世新聲》【中呂粉蝶兒・驕馬金鞭自悠悠】：「那廝每餓肚皮乾牛糞，無分曉，胡來纏。」

胡纏，謂無理糾纏。清・孔尚任《桃花扇・眠香》：「休得胡纏，大家奏樂，送新人入房罷。」或作胡厮纏，如《清平山堂話本・合同文字記》：「劉婆叫老劉：『打這厮出去，胡厮纏來認我們。』」或作胡羼（chān），如《紅樓夢》第二回：「只在都中城外，和那些道士們胡羼。」義並同。

又骰子之別名，亦曰胡纏：《事物異名錄・玩戲・骰子》：「《事林廣記・占城》：骰子曰胡纏。」

胡顏

《西廂記》三本二折【石榴花】：「昨日箇向晚，不怕春寒，幾乎險被先生饌，那其間豈不胡顏。」

《陽春白雪》前集三貫酸齋小令【高歌過紅繡鞋】：「看別人鞍馬上胡顏，嘆自己如塵世污眼。」

《英雄成敗》二【遊四門】：「現放著你真贓犯，尚兀自胡顏。」

胡顏，猶今云不要臉、丟人、現醜。三國・曹植《上責躬應詔詩表》云：「忍恥苟全，則犯詩人胡顏之譏。」丁廙《蔡伯喈女賦》：「忍胡顏之重恥，恐終風之我瘁。」《詩・鄘風・相鼠》：「人而無禮，胡不遄死。」毛傳云：「謂胡顏而不速死也。」義蓋本於此。

胡姑姑

《貨郎旦》一【柳葉兒】：「都是些胡姑姑假姨姨廳堂上坐，待著我供玉饌飲金波。」

《謝金吾》三【慶元貞】：「你這賊不知那個知，怎將俺做的胡姑姑也假姨姨！」

胡姑姑，假親戚的意思。《李雲卿》三，白：「甚麼嬰兒姹女，黃婆，黑婆，白婆，都是些胡姑姑假姨姨。」《醒世姻緣》第十九回：「小鴉兒呃了一聲說：『偏你這些老婆們，有這們些胡姑妓假姨姨的。』」皆其例。

胡旋舞

《梧桐雨》一、白：「近日邊庭送一蕃將來，名安祿山。此人猾點，能奉承人意，又能胡旋舞。」

《存孝打虎》一、白：「宴罷歸來胡旋舞，丹青寫入畫圖看。」

《射柳捶丸》三、白：「林前酒醉胡旋舞，丹青寫入畫圖間。」

胡旋舞，爲古代一種舞蹈。唐代由康居傳入。《舊唐書‧安祿山傳》：「至玄宗前，作胡旋舞，疾如風焉。」白居易《胡旋女》：「胡旋女，胡旋女，心應絃，手應鼓。絃鼓一聲雙袖舉，迴雪飄颻轉蓬舞。左旋右轉不知疲，千匝萬周無已時。」自注：「天寶末，康居國獻之。」明‧胡震亨《唐音癸籤》卷十四「舞曲」條「胡旋」下注云：「本出康居。舞者立毬上旋轉如風。」又同書卷十四「散樂」條提到《骨鹿舞》、《胡旋舞》時下注云：「《樂府雜錄》云：夷部樂有此二舞，俱於小圓毬子上舞，縱橫騰踏，兩足終不離於毬子，即所謂踏毬戲也。」《警世通言‧崔衙內白鷂招親》：「走及奔馬，善舞胡旋。」《水滸》第八十九回：「燕姬美女，各奏戎樂，羯鼓塤篪，胡旋慢舞。」皆其例。

胡虎乎護

《降桑椹》二【逍遙樂】：「〔糊突蟲云：〕我這醫門中有箇醫士，姓宋，雙名是了人。俺兩箇的手段都塌八四，因此上都結作弟兄。他爲兄，我爲弟。人家來請看病，俺兩箇都同去，少一箇也不行。宋無胡而不走，胡無宋而不行，胡宋一齊同行，此爲胡虎乎護也。〔外呈答云：〕念等韻哩，得也麼！」

胡虎乎護，是借等韻的聲口，諧「嗚呼嗚呼」，是譏諷醫生把病人治死的意思。按：等韻，是宋元時代音韻學中按等呼分析漢字字音的一門學科。

葫蘆提

葫蘆題　葫蘆啼　葫盧蹄

《董西廂》卷一【般涉調·尾】：「道著保也不保，焦也不焦，眼睖睄地伴呆著，一夜葫蘆提鬧到曉。」

《竇娥冤》三【快活林】：「念竇娥葫蘆提當罪愆，念竇娥身首不完全。」

《西廂記》五本四折【喬木查】白：「和你也葫蘆題了也。」

《秋胡戲妻》二【倘秀才】：「更則道你莊家每葫蘆提沒見識。」

《合汗衫》四、白：「母親怎葫蘆提只說老親，不說一箇明白與孩兒知道。」

《魔合羅》三【醋葫蘆】白：「我是個婦人家，怎熬這六問三推，葫蘆提屈畫了招伏。」

《賺蒯通》四【掛玉鉤】：「想起那韓元帥葫蘆提斬在法場。」

《太平樂府》卷七周仲彬散套【鬥鵪鶉·自悟】：「問甚鹿道做馬，鳳喚做雞？葫蘆今後大家提，別辨是和非。」

《陽春白雪》後集一吳仁卿小令【金字經】：「酒錢懷內揣，葫蘆在，大家提去來。」（上二例為雙關語。）

《雍熙樂府》卷十八無名氏小令【紅繡鞋·遇美】：「葫蘆題猜不破，死木藤無回活。」

《樂府群珠》卷四關漢卿小令【普天樂·隨分好事】：「猛見了傾國傾城貌，將一個發慈悲臉兒朦著，葫蘆啼到曉，酩子裏家去，只落得兩下裏獲鐸。」

《元人小令集》二六六頁失名失題：「隨時達變變崢嶸，混俗和光有甚爭？只不如葫盧蹄每日相追趁。」

葫蘆提，又作葫蘆題、葫蘆啼、葫盧蹄。三字連文，亦可分開用。為宋元時口語，作糊塗、不辨是非解。明·湯顯祖批注《董西廂》云：「葫蘆提，方言，糊塗也。」宋·吳曾《能改齋漫錄》卷五云：「張右史《明道雜志》云：『錢內翰穆公知開封府，斷一大事。或語之曰：可謂霹靂手。錢答曰：僅免葫盧提。』蓋俗語也。然余見王樂道記輕薄者，改張鄧公《罷政詩》云：『赭（zhě）案當衙並命時，與君兩個沒操持；如今我得休官去，一任夫君鶻露蹄。』

乃作鶻露蹄，何耶？更俟識者。」這說明吳曾不知方言俗語，字無定形。「鶻露蹄」，正是「葫蘆提」，音意並同。至於「葫蘆提」一詞的來源，吳曾在同書卷二中說：「『鶻突』二字當同『糊塗』，蓋以糊塗之義，取其不分曉也。案呂原明《家塾記》云：『太宗欲相呂正惠公，左右或曰：呂端之為人糊塗（自注云：讀為鶻突）。帝曰：端小事糊塗，大事不糊塗。決意相之。』」由此可見，「葫蘆提」是「鶻突」的轉音，而「鶻突」即「糊塗」也，「提」字是語尾詞。今江浙一帶方言，還有這個說法。

猢猻（hú sūn）

猢猻　胡孫

《救風塵》三【滾繡毬】：「那裏像喒們，恰便似空房中鎖定個猢孫。」

《秋胡戲妻》二、詩云：「段段田苗接遠村，太公莊上弄猢猻。農家只得鋤鉋力，涼酸酒兒喝一盆。」

《魔合羅》三【幺篇】詞云：「問不成呵，將你個……赤瓦不剌海猢猻頭，嘗我那明晃晃勢劍銅鍘！」

《西遊記》五本十九齣【叨叨令】白：「這胡孫好生無禮，我也不是你惹的。」

同劇三本九齣【尾】白：「走了這胡孫，怎肯干罷，道與那吒好生跟尋者！」

猢猻，猴子的別稱。也作猢孫、胡孫，音義並同。元曲中多用作貶義比喻詞。《官場現形記》第十七回：「雖然也沒有甚麼大進項，比起沒有發達的時候，在人家坐冷板凳，做猢猻大王，已經天懸地隔了。」此「猢猻大王」是譏笑蒙館先生的。

虎榜

龍虎榜　龍榜

《張天師》一【金盞兒】：「秀才，我道你來年登虎榜，總不如今夜抱蟾宮。」

《柳毅傳書》三【商調集賢賓】：「則為他長安市不登虎榜，救的我涇河岸脫離羊群。」

《蝴蝶夢》楔、白：「您孩兒一舉首登龍虎榜，十年身到鳳凰池。」

《㑇梅香》二【歸塞北】：「有一日名掛在白玉樓頭龍虎榜，愁甚麼碧桃花下鳳鶯交？」

《盛世新聲》【仙呂點絳唇·十載寒窗】：「十載寒窗，半指望，登龍榜。」

　　科舉時代，考試完畢，朝廷公布的被錄取人名榜曰虎榜、龍虎榜或龍榜。《新唐書·歐陽詹傳》：「詹舉進士，與韓愈、李觀、李絳、崔群、王涯、馮宿、庚承宣聯第，皆天下選，時稱龍虎榜。」《京本通俗小說·西山一窟鬼》亦云：「指望：一舉首登龍虎榜，十年身到鳳凰池。」龍虎榜，相沿省稱虎榜或龍榜。清代則專指武科的榜為虎榜。

虎兒赤

虎而赤

《麗春堂》四【喬木查】白：「左右，將酒來！老丞相滿飲一杯！一壁箱虎兒赤那都，著與我動樂者！」

《流星馬》二【醉春風】：「虎兒赤吹彈，保兒赤割肉。」

同劇同折【上小樓】白：「打剌蘇亦迷，虎而赤納都，知虎兒搠兒牙。」

　　虎兒赤，蒙古語，奏樂的人。《元史·兵志二》：「奏樂者曰虎兒赤。」虎而赤，音意同。

虎頭牌

《拜月亭》四【沽美酒】：「驟將他職位遷，中京內做行院，把虎頭金牌腰內懸。」

《黃粱夢》二【幺篇】：「你男兒有八面威、七步才，現帶著征西金印虎頭牌。」

《兩世姻緣》四【雙調新水令】：「拖地錦是鳳尾旗，撞門羊是虎頭牌，倚仗著御筆親差，征西夏大元帥。」

《射柳捶丸》一【尾聲】白：「我做元戎實有才，堪宜掛面虎頭牌，擒住虜寇不輕放，按著鼻子咬他腮。」

《樂府群珠》卷二失註小令【金字經‧觀音舞】：「我茶褐羅的傘兒下，馬兒上臺孩，五花頭踏擺將來、來。腰插著虎頭牌，哈哈咳，也是我前世裏好修來。」

虎頭牌，是元代武官佩帶的金牌之一。按元代規定，萬戶（武官名）佩帶金虎符，符趺（足）爲伏虎形，故稱虎頭牌。其首飾有明珠，牌上刻有「長生天氣力裏，蒙哥汗福蔭裏，不奉命者死」等字。（《元典章》稱爲虎頭金牌。）《蒙韃備錄》云：「韃人襲金虜之俗，亦置太師、元帥等，所佩金牌，第一等貴官帶兩虎相向，曰虎鬥牌，其次素金牌。」元人李直夫撰有《便宜行事虎頭牌》雜劇。

虎剌孩

虎辣孩　忽剌孩　忽剌海

《哭存孝》一、白：「若說我姓名，家將不能記；一對忽剌孩，都是狗養的。」

《陳州糶米》一【金盞兒】白：「你這個虎剌孩作死也！」

《射柳捶丸》三、白：「看了這忽剌孩，武藝委實高強，俺兩個夾著馬跑了罷。」

《流星馬》三【古竹馬】：「強盜忽剌海。」

《開詔救忠》二、白：「我想那楊六兒虎剌孩那等英雄，好沒生著我和他交鋒，可不是弄我那老性命哩！」

虎剌孩，蒙古語；謂強盜、賊（見《華夷譯語‧人物門》）。又譯作虎辣孩、忽剌孩、忽剌海、勿剌海，皆譯音之轉。《岳飛破虜東窗記》三【新水令】：「長大叫做虎辣孩。」亦其例現在仍保留在內蒙古西部的漢語方言裏，叫做「胡拉蓋」，意已轉爲騙子。

護臂

《黑旋風》一、白：「泰安神州謊子極多，哨子極廣，怎生得一個護臂跟隨將我去方可。」

《合汗衫》一【天下樂】白：「我這家私裏外，早晚索錢，少個護臂。」

《硃砂擔》一【金盞兒】白：「我與你做個護臂，一搭裏做買賣去，也不虧你。」

《謝金吾》二、白：「我與哥哥做個護臂，嗒同共入城，探母親去。」

　　護臂，猶云保鏢，舊時富貴人家出門時，由勇士護送，以確保安全，這種人稱爲護臂。

花紅

《竇娥冤》二【鬥蝦蟆】：「又無羊酒段疋，又無花紅財禮。」

《秋胡戲妻》二、白：「我再下些花紅、羊酒、財禮錢，你意下如何？」

《貨郎旦》四【三轉】：「諸般紳開，花紅佈擺，早將一箇潑賤的煙花娶過來。」

《鴛鴦被》三【幺篇】白：「既是這等，準備羊酒花紅，三日之後，重來娶他，纔是正禮。」

　　花紅，舊時婚姻風俗，訂婚時，男方向女方送的聘禮，其中有紅絹，叫做花紅，上舉各例皆是。此外，在喜慶人家奔走服役的人往往插金花，披大紅，也叫做花紅，因指辦喜事人家或客人給傭僕的賞金。宋・孟元老《東京夢華錄》卷五「娶婦」條云：「迎客先回至兒家門，從人及兒家人乞覓利市錢物花紅等，謂之『攔門』。」倒文爲「判花」，義同。如宋・劉克莊《送洪使君》詩：「判花人競誦，詩草士深藏。」這是另一意。

　　後來凡一般犒賞或獎金也稱爲花紅。

花判

《竹塢聽琴》三【滾繡毬】詞云：「你可甚端冕臨三輔，調弦理萬民？剗的點檢他這姻緣簿，花判他這有情人。」

　　判，官府對訴訟的判詞。花判，舊時地方官於民刑細事，足資談助者，其判辭多爲駢儷體，而語帶滑稽，稱爲花判。宋・洪邁《容齋隨筆・唐書判》：「唐銓選擇人之法有四：一曰身，謂體貌豐偉；二曰言，言辭辯正；三曰書，楷法遒美；四曰判，文理優長。凡試判登科，謂之入等。甚拙者，謂之藍縷。選未滿而試文三篇，謂之宏辭；試判三條，謂之拔萃。中者即授官。既以書

為藝，故唐人無不工楷法。以判為貴，故無不習熟。而判語必駢驪，今所傳龍筋鳳髓判，及白樂天集甲乙判，是也。自朝廷至縣邑，莫不皆然，非讀書善文不可也。宰臣每啓擬一事，亦必偶數十語，今鄭畋敕語堂判猶存，世俗喜道瑣細遺事，參以滑稽，目為花判，其寔乃如此，非若今人握筆據案只署一字，亦可。國初尚有唐餘波，久而革去之，但體貌豐偉，用以取人，未為至論。」

花押

《遇上皇》二【菩薩梁州】白：「若到上京，見了趙光普丞相，見了這花押，必然饒了這性命也。」

同劇三【尾聲】白：「誰想此人酒務中，遇見上皇，就臂膊上寫了花押，認為兄弟，加為東京府尹。」

同劇四、白：「就在趙元臂膊上，寫了兩行字，畫了花押，趙普見了，饒了他一命，就加此人為東京府尹。」

在文書或契約上簽名，字跡從草簡者，謂之花押。蓋古人畫諾之遺。六朝時有鳳書，亦曰花書，或稱花押。《東觀餘論》：「唐文皇令群臣上奏，任用真草，惟名不得草，後人遂以草名為花押。」唐人韋陟用草書簽名（畫押），寫「陟」字像五朵雲（見《新唐書・韋陟傳》）。宋・周密《癸辛雜識》：「古人押字，謂之花押印，是用名字稍花之，如韋陟五朵雲是也。」宋・葉夢得《石林燕語》卷四：「唐人初未有押字，但草書其名，以為私記，余見唐誥書名，未見一楷字，今人押字，或多押名，猶是此意。王荊公押石字，初橫一畫，左引腳，中為一圈，公性急，作圈多不圓，往往窩扁，而收筆橫畫，又多帶過，常有密議公押『歹』字者。」按此與明・周祈《名義考》押「反」字之說相近似。古或稱「花」字，或名「押」字，其後合二字言之，因曰「花押」，唐彥謙《宿田家》詩：「公文持花押」，是也。元・陶宗儀《輟耕錄》卷二「刻名印」條：「今蒙古、色目人之為官者，多不能執筆花押，例以象牙或木刻而印之。宰輔及近侍官至一品者，得旨，則用玉圖書押字，非特賜不敢用。按周廣順二年，平章李穀以病臂辭位，詔令刻名印用。據此，則押字用印之始也。」

花押，亦稱押花，如《警世通言・玉堂春落難逢夫》

花唇

花唇兒

《董西廂》卷二【般涉調·長壽仙袞】：「甚花唇兒故來相惱？」

同書卷四【般涉調·柘枝令】：「花唇兒恁地把人調揭。」

《追韓信》三【堯民歌】：「休賣弄花唇。」

《對玉梳》一【後庭花】：「賣花人賣花唇，休入俺這花營錦陣。」

花唇，謂花言巧語。《幽閨記》七：「你休得要逞花唇，稍虛詞。」《花前一笑》四：「還在我眼前花唇調嘴說甚麼？」皆其例。

花娘

《雍熙樂府》卷十九小令【小桃紅·西廂百詠六十一】：「叮嚀行坐守閨房，誰料你將心放，夜靜更深沒攔當，小花娘，勾引小姐同胡創。」

花娘，舊指娼妓。元·陶宗儀《輟耕錄》卷十四：「都下及江南謂男覡（音席，男巫）亦曰師娘，娼婦曰花娘。」又云：「李賀集，賀撰《申胡子觱栗歌》成，朔客喜，擎觴起立，命花娘出幙，徘徊拜客。」宋·梅堯臣《花娘歌》：「花娘十四能歌舞，藉甚聲名居樂府。」宋·汪元量《湖州歌》：「走來船上看花娘。」《水滸》第五十一回：「那花娘的父親被雷橫打了。」花娘云云，均指妓女。

花柳營

花柳亭　柳花亭

《玉壺春》二【賀新郎】：「我則要做梨園開府頭廳相，我向這花柳營調鼎鼐，風月所理陰陽。」

同劇二【牧羊關】：「誰想花柳亭，鳴珂巷，撞著你個嘴巴巴狠切的娘。」

《對玉梳》一【上馬嬌】：「將一座花柳營，生扭做迷魂陣，真是個女吊客、母喪門。」

《太平樂府》卷七喬夢符散套《新水令·閨麗》：「我不是琉璃井底鳴蛙，我是箇花柳營中慣戰馬。」

《樂府群玉》卷二喬夢符小令《水仙子‧李琬卿》：「柳花亭留下大
　　姐，李琬也也。」

　　花柳，舊時指娼妓：花柳營、花柳亭或柳花亭，指娼妓聚居之處，俗稱
風月場所。例一「花柳營」與「風月所」互文，例二「花柳亭」與「鳴珂巷」
連文，均可證。

花博士

《百花亭》一【金盞兒】：「只索央及，你撮合山花博士，休使俺沒
　　亂煞，做了鬼隨邪。」

　　花博士，舊時媒人的代稱，與「撮合山」連文可證。又《京本通俗小說‧
碾玉觀音上》：「道不得個『春爲花博士，酒是色媒人。』」《清平山堂話本‧
西湖三塔記》：「正是：『春爲花博士，酒是色媒人。』」以「花博士」和「媒
人」對舉，均可證。參見「茶博士」、「牙推」等條。

花衚衕

花胡同　花胡洞

《玉壺春》二【南呂一枝花】：「我是個翠紅堆傳粉的何郎，花衚衕
　　畫眉的張敞。」

《誤入桃源》二【呆骨朵】：「沒揣的撞到風流陣，引入花衚衕。」

《揚州夢》四【雙調新水令】：「我向這酒葫蘆著涔不曾醒，但說著
　　花衚衕，我可早願隨鞭鐙。」

《雍熙樂府》卷二散套【端正好‧恰移的牡丹叢】：「恰移的牡丹叢，
　　早惹下花胡同。」

《盛世新聲》【南呂一枝花‧烏雲挽髻鴉】：「琴瑟和諧，子（只）你
　　那花胡洞行休再。」

　　花衚衕，一作花胡洞，或花胡同，謂妓院。《誠齋樂府‧曲江池四》【集
賢賓】：「我當初佔排場也曾奪第一、串了些花胡同錦屏圍。」《香囊怨》二
【賞花時楔子】：「我是箇花胡洞女嬋娟，恰會把箏篆自演。」按：俗稱妓女
曰花，故花衚衕，即指妓女的住所。衚衕，或作胡同、胡洞，意並同。張清
常謂：「『胡同』在蒙語本來是『水井』，北京的地名有『二眼井』、『四眼井』，

可能就是這種命名的痕迹。於是漢語在街、道、里、巷、弄堂之外，又有了具有北方特點的『胡同』。」（見《漫談漢語中的蒙語借詞》。）

花花太歲

> 《望江亭》二、詩云：「花花太歲爲第一，浪子喪門世無對；普天無處不聞名，則我是權豪勢宦楊衙內。」

> 《燕青博魚》一、詩云：「花花太歲我爲最，浪子喪門世無對；滿城百姓盡聞名，喚做有權有勢楊衙內。」

> 《生金閣》一、詩云：「花花太歲爲第一，浪子喪門世無對；聞著名兒腦也疼，只我有權有勢龐衙內。」

古代迷信說法：認爲木星是凶煞，取名「太歲」，衝犯了它就會遇到災難。元劇裏用「花花太歲」比喻那些凶橫浮蕩、肆意女色、無惡不作的紈袴子弟。他們多是有錢有勢人家的子弟。

花根本艷

> 《貨郎旦》二【水仙子】白：「花根本艷公卿子，虎體駕班將相孫。」

> 《符金錠》楔、白：「花根本豔公卿子，糾糾成名膽力堅。」

> 《射柳捶丸》二【梁州】：「花根本艷存苗裔，延壽馬有名器。」

> 《怒斬關平》一【遊四門】：「你是花根本豔，源清流淨，端的不虛名。」

花根本艷，言花之香艷，本來自其根部，不待外求，以喻公卿之子，生來就該是富貴的，這是反動的血統論，與所謂「龍生龍，鳳生鳳」之說同。艷，一作豔，同字異體。

花腿閑漢

> 《魯齋郎》楔、白：「小官嫌官小不做，嫌馬瘦不騎，但行處引的是花腿閑漢。」

> 《生金閣》一、白：「花腿閑漢，多鞁幾匹從馬，郊外打獵走一遭去。」

閑漢，指專門爲貴族、官員幫閑，不務正業的人。宋·灌圃耐得翁《都城紀勝》「閑人」條：「有一等是無成子弟失業次，……專陪涉富貴家子弟遊

宴，及相伴外方官員到都幹事。」宋·孟元老《東京夢華錄》卷二「飲食果子」條：「更有百姓入酒肆，見子弟少年輩飲酒，近前小心供過，使令買物命妓，取送錢物之類，謂之『閑漢』。」宋·吳自牧《夢梁錄》卷十九「閑人」條：「又謂之『閑漢』，凡擎鷹、架鷂、調鵓鴿、鬥雞、賭撲落生之類。」宋·莊綽《雞肋篇》：「……獨張浚一軍常從行在（按，指南宋首都，臨安），擇卒之少壯長大者，自臂而下文刺至足，謂之『花腿』。京師舊日浮浪輩以爲夸。」綜合言之，在腿上雕刺花紋跟隨貴顯專事游蕩幫閑的人，就叫「花腿閑漢」。或釋「花腿」爲「獵犬」，非。

畫卯

　　《陳摶高臥》三【滾繡毬】：「若在那省部裏，敢每日畫不著卯曆。」

　　《勘頭巾》二【牧羊關】白：「與你一個假限，休來衙門裏畫卯。」

　　《還牢末》一【天下樂】：「我畫卯呵來的早，他請太醫直恁般遲。」

　　古時官署規定卯時（上午五至七時）上班簽到，酉時（下午五至七時）簽退，謂之「畫卯」、「畫酉」。後唐·李存義《役徭》：「五更飯罷走畫卯，水潦載道歸來晡。」《古今小說·楊謙之客舫遇俠僧》：「投文畫卯了，悶悶的就散了堂。」《水滸》第十四回：「小人造退，好去縣中畫卯。」皆其例。

　　在軍隊中實行點名制度，亦稱「點卯」，如《桃花扇·投轅》：「閑話少說，且到轅門點卯」是也。

　　和「點名」相對照，應名到班，有時亦稱「應卯」，如《紅樓夢》第九回：「妙在薛蟠如今不大上學應卯了」，是也。

　　還有時稱「打卯」，如《金瓶梅》第二十三回：「先到後邊月娘房裏，打了卯兒」，是也。這是借官吏上班畫卯表示「報到」或「打個照面」之意。

話靶

話欛　話巴　話罷

　　《酷寒亭》一【賺煞尾】：「但見的都將你做話靶。」

　　《紅梨花》一【後庭花】：「爭奈我是女孩兒家，做這一場話靶，可不的被傍人活笑殺。」

　　《金錢記》一【醉中天】：「我則怕人瞧見做風流話欛。」

《詞林摘艷》卷三陳大聲散套【粉蝶兒·三弄梅花】:「文君再把香
車駕,只恐琴心調弄差,反與相如做話巴。」

《盛世新聲》【越調鬥鵪鶉·翡翠窗紗】:「險些露出風流的話罷。」

話靶,即話柄、話巴,指被他人作談笑資料的言行。唐·李商隱《雜纂》
卷上「惡模樣」條:「攙奪人話柄。」宋·羅大經《鶴林玉露》:「今日到湖
南,又成閒話靶。」《羅湖野錄》:「翻身跳擲百千般,冷眼看他成話欛。」
按把、靶、欛、巴、罷,雙聲借用,意均同。《今古奇觀·劉元普雙生貴子》:
「那婆子自做了這些話把。」《醒世恒言·吳衙內鄰舟赴約》:「……二來恐
婢僕聞知,反做話靶。」《醒世恒言·除老僕義憤成家》:「莫要把去弄出個
話靶。」皆其例。此語現在仍通行,如魯迅《朝花夕拾·瑣記》:「這名文便
即傳遍了全城,人人當作有趣的話柄。」

樺(huà)皮臉

《對玉梳》二【黃鍾煞】:「村勢煞捻著則管獨磨,樺皮臉風癡著有
甚颩抹。」

《獨角牛》三【尾聲】:「這廝人也憎,鬼也嫌,無處發付那千層樺
皮臉。」

輯佚《海神廟王魁負桂英》【川撥棹】:「吃了這場拋棄,道不羞恥,
則除我臉兒上有千層樺皮。」

《盛世新聲》亥集小令【寨兒令】:「熱表兼,鏝底苦,一千層樺皮
鞔做臉。」

樺木,落葉喬木名,多產在遼東及西北諸地;皮厚層多,故喻人之不知
羞恥者,曰樺皮臉。清·翟灝《通俗編》引《丸經》云:「眼睛飽,肚里飢,
樺皮臉,拖狗皮……吃別人,不回禮。」

懷躭

懷擔

《虎頭牌》三【攪箏琶】白:「俺兩口兒雖不曾十月懷躭,也曾三年
乳哺,也曾煨乾就濕,嚥苦吐甘,可怎生免他項上一刀。」

《趙氏孤兒》五【幺篇】：「你則那三年乳哺曾無曠，可不勝懷擔十月時光？」

《凍蘇秦》二【煞尾】詩云：「且休說懷躭十月，只從小偎乾就濕，幾口氣攛舉他偌大？恰便似燕子銜食，今日箇撚他出去！」

《合同文字》二【呆骨朵】：「不爭將先父母思量，又怕俺這老爺娘議論，則道把十月懷躭想，可將這數載情腸盡。」

《爭報恩》二【煞尾】：「那妮子又不知三年乳哺恩，那裏曉懷躭十月胎？」

懷躭，謂懷胎。躭，一作擔；《琵琶記》三十四：「凡母養子，最是十月懷擔苦」，亦其一例。

懷內子

《金鳳釵》四【水仙子】：「二百錢窮秀才到做龐居士，嶮餓殺我腳頭妻、懷內子。」

《羅李郎》二【梁州第七】：「我是你堂上尊，撇的來這般懨懨焦焦；懷內子也這般煩煩惱惱；哎！連你這嬌嬌滴滴腳頭妻，也這般灑灑瀟瀟。」

懷內子，指幼子。明・無名氏雜劇《鎖白猿》三【中呂粉蝶兒】：「我想這潑妖魔，罪不容誅，強佔了我腳頭妻、懷內子。」亦其例。

歡恰

歡洽

《董西廂》卷一【仙呂調・醉落魄纏令・引辭】：「這世爲人，白甚不歡恰？」

《酷寒亭》一【金盞兒】：「他夫妻每纏廝守，子母每恰歡洽；你不脫了喪孝服，戴甚麼紙麻花？」

《詞林摘艷》卷六李子昌散套【南北一剪梅・望賓鴻目斷夕陽下】：「他那裏偎紅倚翠笑歡洽，我這裏情牽掛，不由人離恨淚如麻。」

《紫釵記》卅九〔漁家傲〕：「做姊妹大家歡恰。」

歡恰，謂歡樂融恰，又作歡洽，音義並同。東漢‧傅毅《舞賦》：「於是歡洽宴夜，命遣諸客。」南朝宋‧顏延之《三月三日曲水詩序》：「情盤景遽，歡洽日斜。」唐‧皇甫枚《飛煙傳》：「已逝幽庸，永奉歡洽。」《清平山堂話本‧柳耆卿詩酒翫江樓記》：「當日，月仙遂與耆卿歡洽。」可見此語由來已久。

歡喜團兒

> 《鴛鴦被》三【么篇】白：「如何受不過苦楚，不怕他不隨順我，我買歡喜團兒你吃。」

> 《五馬破曹》一【鵲踏枝】白：「好老叔，開箇路兒，我家去也！改日再來和你賭歡喜團兒耍罷！」

歡喜團兒，是一種食品、米糰的名稱。明‧劉侗《帝京景物略》卷三「弘仁橋」條：「和炒米圓之，曰歡喜團。」《杭州府志》：「《府志月令》：元旦先一日，灑掃庭內，雞初鳴，羅列花糕果等物於各神家廟影堂前，先以米團糖荳祀竈，祀畢，以米團餉眾人，謂之歡喜團。」據此，知歡喜團乃新年時饗眾之食品，現在南方還有這種食品。

犇（huān）

> 《單鞭奪槊》四【四門子】：「那一個犇，這一個趕，將和軍躲的偌近遠。」

> 《三戰呂布》一、白：「畫戟金冠戰馬犇，征袍鎧甲帶獅蠻。」

> 同劇三【尾聲】白：「款縱烏雖豹月犇，長槍闊劍定江山。」

> 《射柳搥丸》三、白：「番、番、番，地惡人犇，騎劣馬，坐雕鞍。」

> 《龐掠四郡》三、白：「人又英雄馬又犇，全憑武藝定江山。」

> 《陳倉路》楔【么篇】：「我這裡耀武揚威戰馬犇，殺的他上嶺登山下水灘。」

> 《樂毅圖齊》二【遊四門】：「牛放的犇，衝倒太行山。」

犇，本「奔」字。《集韻》：「奔，古作犇。」元劇中多讀如「歡（huān）」，當係番語。今北人謂牲口狂奔曰撒歡。其字實應作「豩」。《唐韻》、《集韻》

謂「豲」:「並呼關切,音懽(huān),」義同。唐・劉禹錫《答樂天見憶》詩:「盃前膽不豲」;亦其例。

還

還,多用爲轉折詞、時間副詞或設詞。

（一）

《救風塵》二【金菊香】:「他本是薄倖的班頭,還說道有恩愛結綢繆。」

《楚昭公》三【幺篇】:「他和我著疼,我和他著熱,你比他還疏。」

《李逵負荊》四【殿前歡】:「須不是我倚強凌弱,還是你自攬禍招災。」

上舉「還」字,是表示轉折語氣的副詞,猶卻,猶反而。例一「還」與「本」相應;例三「還」與「須」相應,「須」亦「本」意也。《三國志・魏志・陳思王植傳》裴松之注引《典略》:「譬畫虎不成,還爲狗者也。」按《文選・曹植〈與楊德祖書〉》「還」作「反」,即爲顯証。五代・徐鉉《輦下贈屯田何員外》詩:「厨非寒食還無火」,謂厨房未到寒食節卻無火也。柳永【蝶戀花】詞:「對酒當歌,強樂還無味」,謂喝酒尋樂卻無味也。

（二）

《董西廂》卷五【仙呂調・尾】:「我眼巴巴的盼今宵,還二更左右不來到。」

元本《琵琶記》二十六【卜算先】:「墳土未曾高,筋力還先倦。」

《太平樂府》卷五李愛山小令【四塊玉・知足】:「兩鬢秋,今年後,著甚千(干)忙苦追求,人間寵辱還參透。」

以上「還」字,用做時間副詞,意爲已、已經。唐・杜荀鶴《下第東歸將及故園有作》詩:「上國獻詩還不遇,故園經亂又空歸。」宋・辛棄疾【鷓鴣天】詞:「山才好處行還倦,詩未成時雨早催。」杜詩「還」與「又」相應,辛詞「還」與「早」相應,義並同。

（三）

《董西廂》卷五【中呂調・踏莎行】:「鶯鶯你還知道我相思,甘心爲你相思死。」

戲文《張協狀元》：「使留下金珠，饒你命；你還不肯，不相饒。」

元本《琵琶記》五【五供養】：「此身還貴顯，自當效銜環。」

同劇十六、白：「公公，伊還身棄，我苦怎言？公還死了婆怎免？兩人一旦身亡，教我獨自如何展？」

同劇二十、白：「婆婆，你還死教奴家怎支吾？你若死教奴家怎生度？」

　　以上各例，用作設辭，猶如其、若是。《古今小說·宋四公大鬧禁魂張》：「他還地上拾得一文錢，把來磨做鏡兒，捍做磬兒，掐做鋸兒，叫聲『我兒』，做個嘴兒，放入篋兒。」亦其例。

緩急

《伍員吹簫》二【牧羊關】：「緩急間須要你支吾。」

　　緩急即急意，指急迫或緊要關頭，為反意詞偏用之一例。元曲中這種構詞法很多，如粗細即粗意、長短即短意、低高即高意、好歹即歹意、近遠或遠近即遠意、大小即大或小意，等等，不勝列舉。

　　緩急一語，源遠流長，例如：《戰國策·韓策》：「甘茂曰：秦重國智王也，韓之緩急莫不知，今先生言不急，可乎？」《史記·游俠列傳》：「且緩急、人之所時有也。」又同書《袁盎傳》：「一旦有緩急，寧足恃乎？」《晉書·苻堅載記》：「一旦緩急語阿誰？」《新編五代唐史平話》卷下：「先以伶人為刺史，恐忠義之士扼腕，緩急無以為用。」《水滸全傳》第七十二回：「有些緩急，好來飛報。」《幽閨記》十七：「緩急間，語言須是要支持。」《牡丹亭·移鎮》：「怕圍城緩急要降胡。」以上皆其例。

喚做

喚則

《董西廂》卷三【南呂宮·三煞】：「想昨來枉了身心，初間喚做得為夫婦；誰知今日，卻喚俺做哥哥。」

同書卷四【中呂調·鵲打兔】：「初喚做鶯鶯，孜孜地覷來，卻是紅娘。」

同書同卷【般涉調·夜游宮】：「只喚做先生解經理，解的文義差，爭知快打詩謎。」

同書卷七【南呂宮・轉青山】：「上梢裏只喚做百年偕老，誰指望是他沒下梢。」

《太平樂府》卷八朱庭玉散套【一枝花・女怨】：「驀聞門外簾兒揭，俺喚則他來到，出門接，元是風度竹筠篩翠葉。」

喚做，揣想之詞，猶云認做、以爲。喚做，一作喚則，做、則爲一聲之轉。宋・蘇軾【無愁可解】詞：「你喚做展卻眉頭，便是達者，也則恐未。」辛棄疾【念奴嬌】詞：「剪竹尋泉，和雲種樹，喚做眞閑客。此心閑處，未應常藉邱壑。」是知兩宋已有此用法。或作「喚作」，如劉克莊【清平樂】詞：「醉裏偶搖桂樹，人間喚作涼風。」作、做音意同。

患子

《張天師斷風花雪月》楔、白：「老哥，你著那患子來我看。」

同上、白：「他是患子，你怎麼打他？」

患子，謂病人。患，亦指疾病；《南史・江蒨傳》：「蒨有眼患。」眼患，謂眼疾。明・都穆《都公談纂》卷上：「孟循斥之曰：君等非病子，則狂童也。」病子猶患子。後魏・楊衒之《洛陽伽藍記》卷二：「廣陵王恭，是莊宗從父兄也。莊帝疑恭姦詐，夜遣人盜掠衣物，復拔刀劍欲殺之。恭張口以手指舌，竟乃不言，莊帝信其眞患。」

惶恐

《裴度還帶》三【塞鴻秋】白：「老夫人、小娘子勿罪，難中缺茶爲獻，實爲惶恐。」

《陳母教子》二【尾聲】白：「你去時節誇盡大言，回來則得個探花郎，甚是惶恐。」

《桃花女》楔【仙呂端正好】白：「您常在我跟前賣弄這陰陽有準，禍福無差，今日如何？好惶恐人也！毛、毛、毛。」

《合同文字》楔【仙呂賞花時】白：「有勞尊重，只是家貧不能款待，惶恐！惶恐！」

《百花亭》一、白：「小生雖有虛名，其實不副，惶恐！惶恐！」

以上所舉「惶恐」，不作驚慌害怕講，而是慚愧、羞慚或抱歉的意思。二刻《拍案驚奇・神偷寄興一枝梅》：「貧兒跼蹐道：『惶恐！惶恐！』」亦其一例。

黃芽

《張生煮海》一、白：「貧道乃東華上仙是也。自從無始以來，一心好道，修煉三田，種出黃芽至寶，七返九還，以成大羅神仙，掌判東華妙嚴之天。」

《誤入桃源》一【鵲踏枝】：「火煉丹砂，水煮黃芽，牢拴住心猿意馬，急疏開利鎖名枷。」

《樂府群珠》卷三張小山小令【折桂令・湖上道院】：「古硯玄香，名琴綠綺，土釜黃芽。」

黃芽，指道教煉丹所用的鉛。漢・魏伯陽《參同契》：「故鉛外黑，內懷金華。」注：「金華，即黃芽，乃鉛之精英。」宋・張君房《雲笈七籤》：「黃芽是長生之至藥，芽是萬物之初也。緣因白被火變色黃，故名黃芽。」唐・白居易《對酒》詩：「有時成白首，無處問黃芽。」又《尋王道士藥堂因有題贈》：「白石先生小有洞，黃芽姹女大還丹。」唐・齊己《寄曹松》詩：『藥中求見黃芽易，詩裏思聞白雪難。』宋・張似《贈韓道士》詩：「還似世人生白髮，定如仙骨變黃芽。」《古今小說・楊思溫燕山逢故人》：「終朝隱几論黃芽，不顧花前月下。」清・李笠翁《蜃中樓・結蜃》：「自無始以來，一心好道，修煉三田，種出黃芽至寶。」皆其例。

黃堂

《蝴蝶夢》二【黃鍾尾】：「枉教你坐黃堂，帶虎符，受榮華，請俸祿。」

《謝天香》一【醉扶歸】白：「這裏是官府黃堂，又不是秦樓楚館，則管裏謝氏、謝氏！」

《金線池》四【收江南】詞云：「若不是黃堂上聊施巧計，怎能勾青樓裏早逐佳期！」

黃堂，漢代太守的廳堂，塗以雌黃，以除災殃，稱爲黃堂，因作太守的代稱。後世府尹、知府職位相當於太守的，也稱黃堂。《後漢書・郭丹傳》：

「太守杜詩請爲功曹，丹薦鄉人長者自代而去。詩嘆曰：『昔明王興化，卿士讓位，今功曹推賢，可謂至德。』勑（chi）以丹事編署黃堂，以爲後法。」注：「黃堂，太守之廳事。」《清平山堂話本》：「自古及今，立州治公廳，號爲黃堂。」《湘素雜記》則謂：「天子曰黃闥，三公曰黃閣，給事舍人曰黃扉，太守曰黃堂。」

黃榜

《看錢奴》楔、白：「小生學成滿腹詩書，現今黃榜招賢，開放選場，大嫂，我待要應舉走一遭去，你意下如何？」

《薛仁貴》楔、白：「每日在這河津邊射雁耍子，打聽的絳州出其黃榜，招聚義軍好漢。」

《飛刀對箭》一、白：「奉聖人的命，就出黃榜，招攞義勇好漢。」

黃榜，皇帝的文告，用黃紙書寫，故稱爲黃榜。《清平山堂話本·陳巡檢梅嶺失妻記》：「今黃榜招賢，我欲赴選，求得一官半職。」又同書《張子房慕道記》：「朝門外大張黃榜。」《七國春秋平話》卷上：「遂出黃榜招賢納士。」《元史·世祖紀六》：「遣呂文煥齎黃榜，安諭臨安中外居民。」或作皇榜，如《西遊記》第六十八回：「你揭了招醫的皇榜，還不進朝醫治我萬歲去，卻待何往？」

黃虀（ji）

《董西廂》卷三【高平調·木蘭花】：「煮下半甕黃虀。」

《鴛鴦被》四【沽美酒】：「則他這酸黃虀怎的吃，籮米飯但充饑。」

《舉案齊眉》三【紫花兒序】：「恰捧著個破不剌椀内，呷了些淡不淡白粥，喫了幾根兒哽支殺黃虀。」

《賺蒯通》二【幺篇】：「他爲甚麼遠著紅塵，守著青山，挨著黃虀？也只是養道德，趄是非，別無主意。」

《詞林摘艷》卷一無名氏小令【殿前歡·醉歸】：「十年前一秀才，黃虀菜打熬文章伯。」

黃虀，醃腌菜；多指貧苦書生的食物。

黃甘甘

黃紺紺　黃乾乾

《蝴蝶夢》一【油葫蘆】:「黃甘甘面色如金紙。」

《張天師》楔、白:「你沒病,我看著你這嘴臉,有些黃甘甘的。」

《酷寒亭》三【紅芍藥】:「黃甘甘面皮如蠟塌。」

《薛仁貴》二【幺篇】:「則見他懶懶懶開聖旨,早諕的來黃甘甘改了面色。」

《魔合羅》四【柳青娘】:「諕的個黃甘甘臉兒如地皮。」

《范張雞黍》三【掛金索】:「我見他皮殼骷髏,面色兒黃乾乾渾消瘦。」(元刊本作「黃紅紺紺」)

《太平樂府》卷三張小山小令【柳營曲·收心】:「面皮兒黃紺紺,身子兒瘦岩岩。」

黃甘甘,形容面色乾黃之詞。甘甘,或作紺紺(gàn)、乾乾,音近意同。

黃串餅

黃篆餅　篆餅　黃篆　黃串　香串餅

《漢宮秋》四【醉春風】:「燒盡御爐香,再添黃串餅。」

《藍采和》二【南呂一枝花】:「白蓮插玉瓶,黃篆焚金鼎。」

《詞林摘艷》卷二馬東籬散套【粉蝶兒·寶殿涼生】:「恰盡玉爐香,再添黃篆餅。」

同書卷六無名氏散套【端正好·夜將闌人初靜】:「寶爐中焚燒篆餅。」

《雍熙樂府》卷一散套【醉花陰·楊妃出浴】:「襯銀錢黃串滿香爐。」

同書卷二散套【端正好·夏景】:「縷金香串餅,雲錦藕絲裳。」

黃串餅,即放在香爐內薰燒的餅形的香。或作黃篆餅,串、篆,以狀名之;或作香串餅,以味名之;或簡作篆餅、黃篆、黃串,所指均一物。

黃閣臣

《黃粱夢》一【油葫蘆】：「你看這紫塞軍黃閣臣，幾時得安閒分？」

《秋胡戲妻》一【油葫蘆】：「你看他是白屋客，我道他是黃閣臣。」

漢代的丞相、太尉及以後的三公官署廳門避用朱色而塗黃色，以區別於皇帝，因稱黃閣。宋·劉攽《漢官儀》卷上：「（丞相）聽事閣門曰黃閣。」《宋書·樂志二》：「夫朱門洞啓，當陽之正色也。三公之與天子，禮秩相亞，故黃其閣以示謙，不敢斥天子，蓋是漢以來制也。」明·周祈《名義考》：「唐門下省以黃塗門，謂之黃閣。」後遂以黃閣稱宰相官署。元曲中的「黃閣臣」，是泛指一般大臣，不一定專指宰相。

黃花女兒

《竇娥冤》一【賺煞】白：「這歪剌骨便是黃花女兒，剛剛扯的一把，也不消這等使性，平空的推了我一交。」

黃花女兒，指處女。明·朱有燉《香囊怨》二【幺】白：「收下這些東西罷，我的箇黃花女兒，與了你梳攏。」《醒世恒言·賣油郎獨占花魁》：「既是今夜嫁人，叫不得個黃花女兒。」《兒女英雄傳》第八回：「我看這人也是個黃花女兒，豈有遠路深更合位公子同行之理？」均其例。

謊子

謊廝

《黑旋風》一、白：「泰安神州謊子極多，哨子極廣，怎生得一個護臂，跟隨將我去方可。」

《鐵拐李》二【叨叨令】白：「兄弟也！我死之後，有那等謊廝上門來。」

《詞林摘艷》卷一張鳴善小令【普天樂·詠世】：「謊廝才我根前得些便宜呵，展眼舒眉。」

《雍熙樂府》卷十散套【一枝花·離情】：「是他慣追陪沛楚高人，見不得村沙謊廝。」

謊子，謂騙子、流氓、浮浪子弟。子，一作廝，音近意同。初刻《拍案驚奇·酒下酒趙尼媼迷花，機中機賈秀才報怨》：「探頭門外一看，只見一個

人謊子打扮的，在街上擺來。」亦其一例。《風光好》、《張天師》等劇之謊子，意同幌子，與此意別，可參閱「粧謊子」條。

謊傻科

《西廂記》二本三折【幺篇】：「沒查沒利謊傻科，你道我宜梳妝的
臉兒吹彈得破。」

明·閔遇五註《西廂》云：「古注傻科，猶云小輩，宋時謂幹辦者曰傻科。」《南西廂》和《雍熙樂府》均作「傻儸」。王季思注《西廂》，亦謂「傻科」即「傻儸」，並承閔說，謂「傻儸」本能幹之意，後即以稱幹辦者。以上都是認定「傻科」連讀。實則不然，因北人罵娼妓為科子，「謊傻科」句法，正與「棘針科」同。明·張萱《疑耀》卷三：「今京師勾闌中諢語，謂紿（dai）人者為黃六，乃指黃巢兄弟六人，巢居第六而多詐，故目誘騙者為黃六也。」清·翟灝《通俗編》謂市語虛奉承為「王六」。南音王、黃不分，北語呼「六」作「溜」；「傻」，「溜」聲之弇侈。今魯東人猶謂撒謊曰說溜，意亦「黃六」之遺意。故「謊傻科」，蓋即撒謊說溜、假意奉承的小科子也。

灰櫬（chèn）兒

灰襯　骨櫬兒

《冤家債主》四【駐馬聽】：「想人生一剗的錢親，呆癡也！豈不聞
『有限光陰有限的身』，喒死後只落半坯兒灰襯。」

《劉弘嫁婢》一【醉中天】：「〔正末云：〕你那亡父的灰櫬兒在那裏？
〔李春郎云：〕見在南薰門外報恩寺裏寄著哩。〔正末云：〕王秀
才，你便與我南薰門外將那李克讓的骨櫬兒取將來，高原選地，破
木造棺，建起墳塋呵，我自有簡祭祀的禮物。」

《說文》：「櫬，棺也。」灰櫬，即指骨灰、棺材。骨櫬，意同。櫬，或作襯，同音假借；一作儭，如：《香囊怨》四【收江南】：「這一堆灰儭骨殖也無用了。」

灰罐（兒）

灰礶

《裴度還帶》二【尾聲】白：「我收拾灰礶、筆，便索往郵亭投逵李公子走一遭去。」

同上，李公子白：「大雪中一箇女子，提著箇灰礶上這郵亭上來，必然是題詩。」

《凍蘇秦》三【梁州第七】：「我可也又無甚資本，又不會做經商，止不過腕懸著灰罐，手執著毛錐，指萬物走筆成章。」

《謝金吾》三【幺篇】白：「想你當初不得志時，提著個灰罐兒，賣詩寫狀。」

灰罐，舊時落魄文人賣文爲生、寫字用的罐子。罐，一作礶。

回護

《還牢末》一【那吒令】白：「這是他自犯下來的，教我怎生回護他？」

《豫讓吞炭》一【混江龍】白：「你倒來替他回護，觸怒我心。」

《村樂堂》四【喜江南】白：「張孝友施仁重義，認送金回護姻親。」

回護，謂曲爲辯護或庇護也。《宋史·王希呂傳》：「天性剛勁，遇利害，無回護意，惟是之從。」《朱子全書·論語》：「前此諸儒到此處，皆爲愛惜人情，宛轉回護，不到窮究到底。」或作回互，如唐·張籍《白頭吟》：「人心回互自無窮。」

《琵琶記》三十四：「焚頂禮祈回護，願相逢我丈夫。」這個「回護」，謂保佑，是庇護的引申義。

回倒（dǎo）

《爭報恩》一【賺煞尾】：「我與你這金釵兒做盤纏，你去那銀鋪裏自回倒，休得嫌多道少。」

回倒，謂兌換、倒換。《灰闌記》四【甜水令】白：「小的買窩銀子，就是這頭面衣服倒換的」，與此曲意正同，可爲證。

徊徨

《劉知遠諸宮調》二【高平調·賀新郎】：「文面射粮，欲待去卻徊徨。」

《拜月亭》二【賀新郎】：「教俺去住無門，徊徨，家緣都撇漾。」

徊徨，猶徬徨，意爲猶豫，無所適從。或作回邅，如《後漢書·西羌傳論》：「謀夫回邅，猛士疑慮。」或作回惶，如潘岳《悼亡》詩：「回惶仲驚惕。」或作迴惶，如敦煌變文《大目乾連冥間救母變文》：「心裏迴惶出語遲。」又云：「欲過不過，迴迴惶惶，五五三三，抱頭啼哭。」明·朱有燉《慶朔堂》二【脫布衫】：「我見他困朦騰心意徊徨。」或作恛惶，如柳宗元《禮部爲百官上尊號第二表》：「此臣等所以兢惕失圖，恛惶無措。」意均同。

會家

《西廂記》三本四折【聖藥王】：「花有陰，月有陰，春宵一刻抵千金。何須『詩對會家吟』？」

《陽春白雪》後集二彭壽之散套【八聲甘州·元和令】：「合著兩會家，相逢一合相，憐新棄舊短姻緣，強中更有強。偷方覓便俏家風，當行識當行。」

會家，猶言行家，即精通某種技藝者，如例一，是指能詠詩者；例二，是借色藝打諢。《牡丹亭·幽媾》：「拈詩話，對會家，柳和梅有分兒些。」「有分兒些」，謂有些兒緣分也。

昏鄧鄧

昏澄澄　昏瞪瞪　昏騰騰

《蝴蝶夢》四【鴛鴦煞】：「不甫能黑漫漫塡滿這沉冤海，昏騰騰打出了迷魂寨。」

《西廂記》二本三折【離亭宴帶歇指煞】：「昏鄧鄧黑海來深，白茫茫陸地來厚，碧悠悠青天來闊。」

《柳毅傳書》二【小桃紅】：「不覺的天邊黑雲重，昏鄧鄧敢包籠。」

《三奪槊》四【伴讀書】：「則見颯颯地陰風剪，將這昏澄澄塵埃踐。」

《存孝打虎》三【金蕉葉】：「昏鄧鄧風吹塞沙。」

《西遊記》六本二十三齣【鬼三台】：「昏澄澄，白茫茫。」

《詞林摘艷》卷一張鳴善小令【普天樂·詠世】：「眼脖胞兒上昏瞪瞪。」

昏鄧鄧，黑暗貌。鄧鄧、澄澄、瞪瞪，騰騰，俱狀昏之詞。明·賈仲明《昇仙夢》三【北越調鬪鵪鶉】：「昏鄧鄧塵似篩，撲唐唐泥又滑。」亦其例。鄧、騰爲疊韻字，互轉。（澄，亦念鄧。）

昏慘剌

昏擦剌　昏支剌

《梧桐雨》四【芙蓉花】：「昏慘剌銀燈照。」

《陽春白雪》後一劉逋齋小令【寨兒令】：「夜已闌，燈將滅，紗窗外昏擦剌月兒斜。」

《樂府群珠》卷三失名小令【金盆沐髮·離情】：「昏支剌月暗陽關。」

昏慘剌，即昏意；慘剌、擦剌、支剌，並爲一聲之轉，是昏的語助詞，無意。明人雜劇《樂毅圖齊》二折：「昏慘剌燈半盞」，亦其例。

渾家（hún jiā）

渾家：一、指妻；二、謂全家。

（一）

《竇娥冤》一、白：「兀那婆婆，你無丈夫，我無渾家，你肯與我做箇老婆，意下如何？」

《秋胡戲妻》二【煞尾】白：「他道：誰迤逗俺渾家來？誰欺負俺母親來？」

《合汗衫》二、白：「不想我這渾家腹懷有孕。」

《東堂老》一、白：「吃不了的，還包了家去，與我渾家吃哩。」

以上各例，渾家均指妻。清·錢大昕《恒言錄》卷三：「稱妻曰渾家，見鄭文寶《南唐近事》。」宋·尤袤《難民謠》：「無錢買刀劍，典卻渾家衣。」《京本通俗小說·碾玉觀音下》：「渾家道：『我兩口卻在這裏住得好。』」《元典章》亦云：「萬戶千戶裏，有底渾家孩兒，也教依例當差。」《水滸》第十四回：「林沖的錦衣裙襖，都是李小二渾家整治縫補。」以上「渾家」均指妻。

（二）

《哭存孝》四【沽美酒】：「康君立你自道，李存信禍來到，把存孝賺入法場屈送了。摔破了我渾家大小，任究竟罪難逃。」

《飛刀對劍》二【四邊靜】白：「我渾家大小七、八十口人，打著千斤往下墜，也不曾墜的這弓開一些兒。」

渾，全也，杜甫《春望》：「白頭搔更短、渾欲不勝簪」。是也。唐・戎昱《苦哉行》：「身爲最小女，偏得渾家憐。」敦煌變文《舜子至孝變文》：「若用我銀錢者，出來報官，渾家不殘性命。」馬令《南唐書・史虛白傳》：「風雨揭卻屋，渾家醉不知。」上所引「渾家」云云，皆全家之意也。《金瓶梅》第十二回：「渾家大小」，亦謂全家大小也。崇本「渾家」作「合家」，可爲旁證。清・梁章鉅《稱謂錄》謂「渾家」爲「渾舍」。陸游《農家》詩云：「低垣矮屋俯江流，渾舍相娛到白頭。」「渾舍」亦全家意。

按，渾家本指全家；專用以指妻，則爲由全取偏之例。

渾古都

《樂府群珠》卷四小令【金盆沐髮・離情】：「渾古都水淨藍橋。」

（亦見於《詞林摘艷》卷一蘭楚芳【折桂令・相思】。）

渾古都，水濁貌；也作「稇谷都」，如《金瓶梅》第十二回：「一泡稇谷都的熱尿」，是也。

混科（hùn kē）

《西遊記》五本十九齣【滾繡毬】：「〔行者做入見，混科云：〕弟子不淺，娘子不深，我與你大家各出一件，湊成一對妖精，小行特來借法寶，過火焰山。」

混，同諢（hùn）；混科，當係一種取笑的動作。

混堂（hùn táng）

《張生煮海》三【倘秀才】：「這秀才不能花燭洞房，卻生扭做香水混堂，大海將來升斗量。」

混堂，猶今云浴池、澡堂。吳俗稱大眾共同入浴的浴池曰混堂。明・郎瑛《七修類稿》：「吳俗甃（zhòu，砌也）大石爲池，穹幕以磚，後爲巨釜，令

－595－

與池通，**轆轤**引水，穴壁而儲焉；一人專執爨，池水相吞，遂成沸湯，名曰混堂，榜其門則曰香水。男子納一錢於主人，皆得入澡也。」《明史・職官志》載有「混堂司」，宦者掌之。清・錢大昕《恒言錄》：「薩天錫善詠物賦詩，如《詠混堂》云：『一笑相迎裸形國。』」《白兔記》二【前腔】白：「混堂裏洗澡，這不是隔腦。」亦其例。

混踐（hùn jiàn）

《薦福碑》一【醉扶歸】白：「長者，小生在此，多多混踐。著眾學生各自還家去，等我回時，可教他再來讀書。」

《黃花峪》四【黃鍾醉花陰】：「且時住，暫停留，混踐您些兒改日為友。」

《連環計》二【隔尾】：「〔呂布做嘔科，云：〕呂布酒醉了，混踐華堂，豈不得罪？」

混踐，謂打擾（如例一、二）、弄髒（如例三）。

混賴（hùn lài）

《董西廂》卷八【雙調・尾】：「平白地混賴他人婦，若不看您朝廷裏的慈父，打一頓教牒將家去。」

《救風塵》四【落梅風】白：「宋引章是有丈夫的，被周舍強佔為妻，昨日又與了休書，怎麼是小婦人混賴他的？」

《薛仁貴》一、白：「張士貴，你就要混賴他的功勞，這個豈是小事，好混賴的？」

《合汗衫》三、白：「你倒省氣力，要混賴我的行貨，我告訴你家去。」

本非己之所有，硬要無賴搶佔過來，謂之混賴，與「狡賴」意同。《三國志演義》第五十四回：「瑜頓足曰：『子敬中諸葛之謀也！名為借地，實為混賴，』」是又一例。

活撮

孤撮

《董西廂》卷六【黃鍾宮・整金冠令】：「是世間蟲蟻兒裏的活撮，叨叨的絮得人怎過？」

《酷寒亭》三【賀新郎】:「題名兒罵了孜孜的唾，罵那無正事頹唆，則待折損殺業種活撮。」

《貨郎旦》一【賺煞】:「若非是小孤撮叫我一聲娘呵，兀的不怨恨衝天氣殺我？」

活撮，一作孤撮，指小兒女。

火

夥

《救風塵》三【幺篇】白:「趕到陝西，客火裏喫酒。」

《漢宮秋》三【鴛鴦煞】:「又則怕筆尖兒那火編修講。」

《陳摶高臥》四【步步嬌】:「喚陳摶有甚勾當，命不快遭逢著這火醉婆娘。」

《張天師》三【正宮端正好】:「我不合暗約通私，怎當那驅邪院一夥天兵至，狠惡的忒如此。」

《東堂老》楔、白:「他合著那夥狂朋恠友，飲酒非爲，日後必然敗我家業。」

《城南柳》一【賺煞】:「這火凡夫，都是些懵懂之徒。」

《藍采和》四【慶東園】:「那裏每人煙鬧，是一火村路岐。」

《謝金吾》二、白:「我手下有火結義兄弟。」

火、同夥，一群、一幫之意。古代兵制：五人爲列，二列爲火，十人共一火炊煮，因稱爲火伴（見杜佑《通典·兵一》引一說）。如《木蘭辭》:「出門看火伴，火伴皆驚慌。」引申爲在一起生活或工作的同伴。火，一般寫作伙。

火宅

《猿聽經》三【尾聲】:「誰想我火宅中一跳身，洪濤中出海涯。」

明·無名氏《四賢記》二十五〔菊花新〕白:「立志清修、堅辭火宅，獨居白鶴庵中。」

火宅，佛家語，以喻煩惱世界，謂痛苦的生活如在烈火中焚燒一樣。《法華經·譬喻品》:「三界無安，猶如火宅，眾苦充滿。甚可怖畏，常有生老病

死憂患，如是等火，熾然不息。」（按三界，爲欲界、色界、無色界也。）
梁武帝《爲亮法師製涅槃經疏序》：「救燒灼於火宅，振沈溺於浪海。」王巾
《頭陀寺碑文》：「蔭法雲於眞際，則火宅晨涼。」梁簡文帝《大法頌序》：「三
千化穢土之質，火宅有離苦之期。」白居易《自悲》詩：「火宅煎熬地，霜
松摧折身。」又《贈曇禪師》：「欲知火宅焚燒苦，方寸如今化作灰。」敦煌
變文《維摩經押座文》：「火宅茫茫何日休？」明‧王應遴《逍遙遊》【前腔】
白：「碌碌浮名，眞如蝸角；戀戀火宅，何異夢中？」以上所引，都是佛教
徒們以同樣心情對煩惱世界的看法。

火葬

　　《㑇梅香》二【六國朝】：「〔（正旦）云：〕怕哥哥死時，削一條柳
　　橡兒。〔白敏中云：〕削一條柳橡兒可是爲何？〔正旦唱：〕把你
　　來火葬了。」

　　《賺蒯通》四【太平令】：「倒不如早將我油烹火葬。」

　　《盆兒鬼》一【賺煞】白：「那廝也，這等火葬了你，倒也落的一個
　　好發送。」

　　火葬，一名火化，葬法之一。曾盛行於古印度。《大唐西域記》卷二：「送
終殯葬，其儀有三：一曰火葬，積薪焚燎；二曰水葬，沈流漂散；三曰野葬，
棄林飼獸。」後隨佛教，傳入中國。《高僧傳》卷二：「（鳩摩羅什）卒於長
安，……依外國法，以火焚屍。」元代施行火葬，不僅限於僧徒，一般士庶，
亦較普遍，上列元劇諸例，即爲明證。

　　火葬，或作斡葬，如明人雜劇《勘金環》二折：「把俺伯伯削一條柳棍，
油甕裏醮了，去他皮膚裏簽入去，把他斡葬了。」或作「窩葬」，如《薛苞認
母》二折：「我便挑著我老子，你便跟著俺兩箇窩葬了他。」按：斡、窩乃「火」
字的音轉。

豁地
豁的

　　《拜月亭》一【後庭花】：「每常我聽得綽的說個女壻，我早豁地離
　　了座位，悄地低了咽頸，緄地紅了面皮。」